ŒUVRES COMPLÈTES

DE

SIR WALTER SCOTT.

Traduction Nouvelle.

PARIS,

CHARLES GOSSELIN et A. SAUTELET ET C°

LIBRAIRES-ÉDITEURS.

M DCCC XXVII.

ŒUVRES COMPLÈTES

DE

SIR WALTER SCOTT.

TOME SOIXANTE-SIXIÈME.

IMPRIMERIE DE H. FOURNIER,
RUE DE SEINE, N° 14.

HISTOIRES

DU TEMPS

DES CROISADES.

(Tales of the Crusaders).

TOME TROISIÈME.

LE TALISMAN,

ou

RICHARD EN PALESTINE.

SECONDE HISTOIRE.

(The Talisman, Tale II.)

HISTOIRES DU TEMPS DES CROISADES.

LE TALISMAN,
OU
RICHARD EN PALESTINE.

(The Talisman).

CHAPITRE PREMIER

> « Dans le désert tous deux se retirèrent,
> « Mais ils étaient armés. »
>
> Milton, *le Paradis reconquis*.

Le soleil brûlant de la Syrie n'était pas encore arrivé au plus haut point de l'horizon, quand un chevalier de la croix rouge, qui avait abandonné ses foyers éloignés au nord de l'Europe pour joindre l'armée des croisés dans la Palestine, traversait lentement les déserts sablonneux des environs de la mer Morte, ou, comme on l'appelle, du lac Asphaltite, où les eaux du Jourdain se jettent comme dans une mer méditerranée dont les ondes n'ont aucun écoulement.

Le guerrier pèlerin avait voyagé péniblement entre les rochers et les précipices pendant la première partie de la matinée; plus tard, quittant ces défilés escarpés et dangereux, il était entré dans cette grande plaine où les villes maudites provoquèrent autrefois la vengeance terrible du Tout-Puissant.

Le voyageur oublia la fatigue, la soif et les dangers du chemin, en se rappelant la catastrophe effrayante qui avait métamorphosé en un désert desséché et affreux la belle et fertile vallée de Siddim, jadis arrosée comme le jardin du Seigneur, maintenant condamnée à une stérilité éternelle.

Il fit le signe de la croix en voyant se dérouler la masse noire d'eaux qui ne ressemblent ni en couleur ni en qualité à celles d'aucun autre lac, et il frissonna en se souvenant que sous ces ondes croupissantes étaient ensevelies les cités jadis si fières de la plaine, dont la tombe fut creusée par le tonnerre du ciel ou par l'éruption d'un feu souterrain. Cette mer, sous laquelle sont engloutis leurs débris, ne contient pas un poisson vivant dans son sein, ne porte pas d'esquifs sur sa surface; et, comme si son lit était le seul réceptacle qui convînt à ses eaux impures, elle n'envoie pas un tribut à l'Océan comme les autres lacs. La terre d'alentour n'était, comme dans le temps de Moïse, — que sel et soufre; on ne l'ensemençait pas; elle ne rapportait rien, aucune herbe n'y croissait (1). — L'épithète de Morte pouvait s'appliquer à la terre aussi bien qu'à l'eau du lac, car on n'y apercevait aucune apparence de végétation, et l'air même était privé de ses habitans ailés, chassés sans doute par les vapeurs bitumineuses que les rayons brûlans du soleil pompent de la surface du lac. Ces vapeurs y prennent l'apparence d'un brouillard, et se montrent quelquefois sous la forme d'une trombe. Des masses de cette substance visqueuse et sulfureuse qu'on appelle naphte, et qui flottaient sur ses vagues sombres et indolentes, fournissaient de nouvelles vapeurs à ces nuages roulans, et semblaient appuyer d'un témoignage imposant la vérité de l'histoire de Moïse.

Le soleil brillait avec un éclat presque intolérable sur cette scène de désolation, et toute la nature vivante paraissait s'être dérobée à ses rayons, excepté le pèlerin solitaire qui foulait à pas lents le sable mobile, et qui semblait le seul être doué de vie sur toute la surface de cette plaine. On aurait dit aussi que le costume du chevalier et l'équipement de son cheval avaient été choisis à dessein, comme tout ce qui pouvait être le moins convenable pour voyager dans une telle contrée. Une cotte de mailles à longues manches, des gantelets couverts de plaques de métal et une cuirasse d'acier, n'avaient pas été jugés une armure assez pesante; un bouclier triangulaire était suspendu à son cou, et il portait un heaume d'acier au bas duquel flottait un capuchon et un collier de mailles qui, entourant les épaules et le cou du guerrier, remplissaient ainsi l'intervalle entre son haubert et son casque; ses jambes et ses cuisses

---

(1) Expressions de l'Écriture. — Éd.

étaient, comme le reste de son corps, couvertes de mailles flexibles, et ses pieds étaient dans une chaussure garnie de plaques comme ses gantelets. Une longue et large épée, à lame droite, à double tranchant, et dont la poignée était en forme de croix, faisait le pendant d'un grand poignard placé du côté droit. Ferme sur sa selle, le chevalier tenait en main son arme ordinaire, sa longue lance garnie d'acier, dont le bout reposait sur l'étrier, et au fer de laquelle était attachée une petite banderolle qui, tandis qu'il marchait, flottait en arrière, tantôt jouant avec le vent, tantôt comme endormie dans le calme. Au poids de cet équipement il faut ajouter un *surtout* (1) de drap brodé, très-fané et très-usé, mais qui était utile en ce qu'il empêchait les rayons brûlans du soleil de frapper sur l'armure, dont, sans cela, la chaleur serait devenue insupportable. On voyait en plusieurs endroits du surtout les armoiries du chevalier en partie effacées. Elles semblaient être un léopard couchant avec la devise : — Je dors, ne m'éveillez pas! — La même devise paraissait avoir décoré son bouclier, mais les coups qu'il avait reçus en avaient à peine laissé quelques traces. Le sommet aplati de son heaume pesant et cylindrique n'était orné d'aucun cimier. En conservant leur lourde armure défensive, les croisés du nord semblaient vouloir braver la nature du climat et du pays où ils étaient venus porter la guerre.

L'équipement du cheval n'était guère moins massif que celui du cavalier. Sa pesante selle, revêtue d'acier, se joignait par-devant à une espèce de cuirasse qui lui couvrait le poitrail, et par-derrière à une autre armure

(1) En anglais *surcoat*, cotte de dessus. — Éd.

défensive qui lui protégeait les reins. Une hache d'acier, espèce de marteau qu'on appelait masse d'armes, était suspendue à l'arçon de la selle; les rênes étaient assurées par une chaîne de métal, et le chanfrein de la bride était une plaque d'acier avec des ouvertures pour les yeux et les naseaux, et dont l'extrémité supérieure était garnie d'une pointe courte et aiguë, qui semblait sortir du front du cheval comme la défense de la fabuleuse licorne.

Mais l'habitude, qui devient une seconde nature, avait rendu le cavalier et sa monture capables d'endurer le poids de cette lourde panoplie. A la vérité un grand nombre de guerriers, partis de l'Occident pour accourir dans la Palestine, y avaient trouvé la mort avant d'avoir pu s'acclimater sous ce ciel brûlant; mais, pour d'autres, ce climat avait cessé d'être dangereux : il était même devenu salutaire. Parmi ce petit nombre d'heureux se trouvait le chevalier qui cotoyait alors solitairement les bords de la mer Morte.

La nature, qui avait donné à ses membres la force et la vigueur nécessaires pour porter un pesant haubert aussi facilement que si les mailles en eussent été de soie, l'avait doué d'une constitution non moins forte pour braver les changemens de climat, les fatigues et les privations de toute espèce. Son caractère semblait partager, jusqu'à un certain point, les qualités de son corps. Si son corps avait autant d'activité que de force et de patience, sous une apparence calme son ame brûlait de cet amour enthousiaste et de cette soif de gloire, le principal attribut de cette race normande qui avait changé ses aventuriers en souverains dans tous les pays de l'Europe où ils avaient porté leurs armes.

Ce n'était pourtant pas à tous les enfans de cette illustre race que la fortune accordait des récompenses si séduisantes, et celles qu'avait obtenues le chevalier solitaire pendant une campagne de deux ans en Palestine n'avaient été qu'une renommée temporelle, mais aussi, comme on lui avait appris à le croire, des privilèges spirituels. Pendant ce temps sa bourse, déjà légère à son départ, s'était épuisée d'autant plus aisément qu'il n'avait recours à aucun des expédiens ordinaires auxquels les croisés s'abaissaient pour se procurer de nouvelles ressources aux dépens des malheureux habitans de la Palestine ; il n'en exigeait pas des présens pour épargner leurs possessions pendant qu'il faisait la guerre aux Sarrasins, et il n'avait pas eu l'occasion de s'enrichir par la rançon de quelques prisonniers d'importance. La petite suite qui l'avait accompagné de son pays natal avait diminué graduellement avec ses moyens de l'entretenir. Le seul écuyer qui lui restât alors était malade, obligé de garder le lit, et ne pouvait suivre son maître, qui, comme nous l'avons déjà dit, voyageait seul. Cette circonstance paraissait peu importante au croisé, habitué à regarder sa bonne épée comme sa plus sûre escorte, et ses pensées de dévotion comme sa meilleure compagnie.

Cependant, malgré la constitution de fer et le caractère patient du chevalier du Léopard-Dormant, la nature exigeait de lui qu'il prît repos et nourriture. Aussi vers l'heure de midi, ayant laissé la mer Morte à quelque distance sur la droite, il vit avec joie deux ou trois palmiers qui s'élevaient auprès de la source sur le bord de laquelle il comptait faire halte. Son bon coursier, qui avait marché avec autant de courage et de persévérance que son maître, commença à lever la tête, à ouvrir les naseaux, et à doubler le pas, comme s'il eût senti de loin les eaux vives, et deviné le lieu où il allait trouver repos et rafraîchissement. Mais il y avait encore des fatigues à essuyer et des dangers à courir, avant que le cheval et le cavalier arrivassent à ce lieu désiré.

Tandis que le chevalier du Léopard-Dormant continuait à fixer attentivement les yeux sur le bouquet de palmiers qu'il apercevait de loin, il lui sembla voir un objet animé se mouvoir par-derrière. Cet objet se détacha enfin des arbres dont le feuillage avait caché en partie ses mouvemens, et s'avança du côté du chevalier avec une célérité qui fit bientôt distinguer un cavalier que son turban, sa longue javeline et son cafetan vert flottant, faisaient reconnaître pour Sarrasin.

— Personne ne trouve un ami dans le désert, dit un proverbe oriental; mais le croisé ne s'inquiétait guère si l'infidèle qui s'approchait rapidement sur un beau cheval barbe, comme s'il eût été porté sur les ailes d'un aigle, venait à lui en ami ou en ennemi. Comme champion dévoué à la croix, peut-être même aurait-il préféré avoir à l'envisager sous ce dernier aspect. Il dégagea sa lance de sa selle, la saisit de la main droite, la tint en arrêt à demi levée, serra les rênes de la main gauche, et, excitant l'ardeur de son coursier en lui faisant sentir l'éperon, il se prépara à rencontrer cet étranger avec cette calme confiance qui convenait à un chevalier victorieux dans tant de combats.

Le Sarrasin arriva au grand galop, en cavalier arabe, conduisant son cheval à l'aide de ses jambes et par les inflexions de son corps plutôt qu'en se servant des rênes, qui flottaient suspendues à sa main gauche. De cette manière il pouvait tenir aisément le léger bouc'ier rond en peau de rhinocéros, orné de ganses d'argent, qu'il portait sur le bras, en le faisant tourner comme s'il avait dessein d'en opposer le cercle étroit au coup formidable de la lance occidentale. Sa longue javeline n'était pas couchée horizontalement comme celle de son antagoniste : il la tenait de la main droite par le milieu, et la faisait brandir sur sa tête à la hauteur du bras. En s'approchant de son ennemi à pleine carrière, il semblait s'attendre à voir le chevalier du Léopard mettre son cheval au galop pour le rencontrer ; mais le chevalier chrétien, connaissant parfaitement toutes les coutumes des guerriers de l'Orient, ne jugea pas à propos d'épuiser son excellent coursier par des efforts inutiles. Au contraire, il fit une halte subite, convaincu que, si son ennemi en venait au choc, son poids et celui de son cheval lui donneraient assez d'avantage sans qu'il eût besoin d'y ajouter celui d'un mouvement rapide.

Le cavalier sarrasin pensa de même ; et, craignant le résultat probable d'un tel choc, quand il fut arrivé près du chrétien, à environ deux fois la longueur de sa lance, il guida son cheval sur la gauche avec une dextérité inimitable. Deux fois il fit le tour de son antagoniste, qui, par une manœuvre analogue, sans quitter son terrain, présenta constamment le front à son ennemi, et déjoua toutes ses tentatives pour l'attaquer sans qu'il fût sur ses gardes ; de sorte que le Sarrasin, faisant décrire à son cheval un cercle plus étendu, fut obligé de se retirer à la distance d'une cinquantaine de toises.

Cependant, comme un faucon attaquant un héron,

le Maure revint bientôt à la charge, et fut encore forcé
à battre en retraite, sans avoir pu commencer le combat. Il s'approcha de la même manière une troisième
fois ; mais le chevalier chrétien, désirant mettre fin à
cette guerre d'escarmouches, dans laquelle il pouvait se
trouver enfin harassé par l'activité de son ennemi, saisit
tout à coup la masse d'armes suspendue à l'arçon de sa
selle, et, d'un bras aussi vigoureux que son coup d'œil
était juste, la lança à la tête de son adversaire, qui
paraissait n'être rien moins qu'un émir. Le Sarrasin
n'eut que le temps de placer son léger bouclier entre
cette arme formidable et sa tête : la violence du coup
repoussa le bouclier sur son turban ; et, quoique cette
arme défensive eût contribué à en amortir la force, il
fut renversé de cheval. Cependant, avant que le chrétien pût profiter de cette chute, l'agile Sarrasin se releva, et appelant son cheval, qui arriva sur-le-champ
près de lui, il sauta en selle sans toucher l'étrier, et regagna l'avantage dont l'avait privé le chevalier du Léopard.

Pendant ce temps celui-ci avait ramassé sa masse d'armes ; et le Sarrasin, se rappelant avec quelle force et
quelle dextérité son ennemi s'en était servi, parut désirer se tenir hors de portée d'une arme dont il venait
si récemment d'éprouver la force, et montra l'intention
de continuer le combat avec des armes qui lui étaient
plus familières et dont il pouvait se servir de plus loin.
Plantant sa longue javeline dans le sable à quelque distance, il tendit avec beaucoup d'adresse un petit arc
qu'il portait sur le dos ; et, mettant son cheval au galop, il décrivit encore autour du chrétien deux ou trois
cercles d'une circonférence plus étendue que les pre-

miers, et décocha six flèches contre lui avec un coup d'œil si sûr que, si son ennemi ne reçut pas un pareil nombre de blessures, il ne le dut qu'à la bonté de son armure. La septième parut en avoir frappé une partie moins à l'épreuve; car le chevalier du Léopard tomba tout à coup de cheval.

Mais quelle fut la surprise du Sarrasin quand, ayant mis pied à terre pour examiner dans quel état se trouvait son ennemi renversé, il se sentit tout à coup saisi par l'Européen, qui avait eu recours à ce stratagème pour attirer son antagoniste à sa portée! Dans cette lutte mortelle, sa présence d'esprit et son agilité le sauvèrent. Détachant à la hâte le ceinturon par lequel le chevalier du Léopard le retenait, et, se tirant ainsi de ses mains redoutables, il remonta sur son cheval, qui semblait suivre tous les mouvemens de son maître avec l'intelligence d'une créature humaine, et s'éloigna de nouveau. Mais, dans cette dernière rencontre, le Sarrasin avait perdu son cimeterre et son carquois rempli de flèches, attachés à son ceinturon, qu'il avait été forcé d'abandonner. Son turban était aussi tombé pendant cette courte lutte. Ces désavantages parurent engager le musulman à proposer une trêve. Il se rapprocha du chrétien, la main droite étendue, mais non plus dans une attitude menaçante.

— Il existe une trêve entre nos nations, lui dit-il en employant la langue franque, qui servait de moyen de communication entre les croisés et les Sarrasins : pourquoi donc y aurait-il guerre entre toi et moi? Qu'il y ait paix entre nous.

— J'y consens, répondit le chevalier du Léopard, mais quelle garantie m'offres-tu que tu observeras la trêve?

— Jamais un serviteur du Prophète n'a manqué à sa parole, répondit l'émir. Ce serait à toi, brave Nazaréen, que je devrais demander une garantie, si je ne savais que la trahison habite rarement avec le courage.

La confiance du Sarrasin fit rougir le croisé de la méfiance qu'il avait montrée.

— Par la croix de mon épée ! dit-il en appuyant la main sur son arme, je te serai fidèle compagnon, Sarrasin, tant que la fortune voudra que nous soyons ensemble.

— Par Mahomet, prophète de Dieu, et par Allah, Dieu du prophète ! répliqua son ci-devant ennemi ; il n'y a pas dans mon cœur de trahison envers toi. Et maintenant rendons-nous vers cette fontaine, car l'heure du repos est arrivée, et mes lèvres s'étaient à peine humectées quand ta présence m'a appelé au combat.

Le chevalier du Léopard y consentit sur-le-champ avec courtoisie ; et les deux guerriers, naguère ennemis, se dirigèrent ensemble vers le bouquet de palmiers, sans qu'un regard indiquât le ressentiment, sans qu'un seul geste annonçât la méfiance.

CHAPITRE II.

> « Pour converser et voyager ensemble,
> » Pour être amis et de bons compagnons,
> » Il faut avoir, tous les deux, ce me semble,
> » Même esprit, mêmes mœurs, mêmes affections. »
>
> SHAKSPEARE.

Les temps de guerre ont toujours leurs momens de trêve et de sécurité. C'était surtout l'usage dans les siècles féodaux, car les mœurs de cette époque faisant de la guerre la principale et la plus noble occupation du genre humain, les intervalles de paix, ou pour mieux dire de trêve, n'en offraient que plus d'attraits à des guerriers qui n'en jouissaient que rarement, et leur devenaient d'autant plus chers qu'ils étaient de plus courte durée. Ils croyaient au-dessous d'eux de conserver une inimitié permanente contre l'ennemi qu'ils avaient combattu aujourd'hui en braves champions, et dont ils pouvaient encore avoir à attaquer la vie le lendemain matin. Le temps et les circonstances offraient tant d'occasions pour satisfaire les passions violentes, que ces guerriers, à moins qu'ils ne fussent ennemis particuliers, ou provoqués par des griefs individuels et personnels, passaient avec plaisir, dans la société les uns des autres, les courts intervalles que leur laissait une vie consacrée aux armes.

Malgré la différence des religions, le zèle fanatique qui animait les uns contre les autres les serviteurs de la croix et ceux du croissant était considérablement adouci par un sentiment si naturel à des guerriers généreux, et qu'entretenait particulièrement l'esprit de la chevalerie. Cette dernière impulsion, qui n'était pas la moins forte, s'était graduellement étendue des chrétiens à leurs ennemis mortels, les Sarrasins d'Espagne et de Palestine. Ceux-ci n'étaient plus ces sauvages fanatiques qui s'étaient élancés du centre des déserts de l'Arabie, le cimeterre dans une main et le Coran dans l'autre, pour présenter l'alternative de la mort ou de la foi de Mahomet, ou du moins pour réduire en esclavage et charger d'un tribut quiconque refuserait d'adopter la croyance au prophète de la Mecque.

Tel était le choix qui avait été proposé aux Grecs et aux Syriens peu belliqueux; mais, en combattant les chrétiens de l'Occident, animés par un zèle aussi ardent que le leur, aussi indomptables par leur courage, doués d'adresse, et illustrés pas plus d'un succès, les Sarrasins prirent peu à peu une partie de leurs manières, et surtout adoptèrent les usages chevaleresques, qui étaient si bien faits pour charmer l'esprit d'un peuple fier et conquérant. Ils avaient leurs tournois et leurs joutes; ils avaient même leur chevalerie, ou du moins quelque chose qui en approchait; mais par-dessus tout, les Sarrasins tenaient leur parole avec une exactitude qui pouvait quelquefois faire honte aux disciples d'une religion plus pure. Leurs trèves, soit nationales, soit individuelles, étaient religieusement observées; et il en résultait que la guerre, qui en elle-même est peut-être le plus grand des maux, fournissait des occasions de déployer de part et d'autre bonne foi, clémence et générosité. Ces doux sentimens se montrent peut-être plus rarement dans des temps plus tranquilles, où les passions, trouvant des occasions moins promptes de se satisfaire, couvent long-temps dans le cœur de ceux qui sont assez malheureux pour y être en proie.

Ce fut sous l'influence de ces sentimens que le chrétien et le Sarrasin, qui, quelques instans auparavant, n'avaient rien négligé pour se donner la mort l'un à l'autre, se dirigeaient à pas lents vers la fontaine des palmiers, où le chevalier du Léopard se rendait lorsqu'il avait été interrompu dans sa marche par un adversaire agile et redoutable. Tous deux restèrent plongés quelque temps dans leurs réflexions, semblant reprendre haleine après une rencontre qui avait menacé d'être fatale à l'un ou à l'autre, et peut-être à tous deux. Leurs coursiers paraissaient jouir également de cet intervalle de repos. Le cheval du Sarrasin, malgré les mouvemens plus rapides et plus nombreux auxquels il avait été forcé, paraissait moins fatigué que celui du chevalier européen. La sueur coulait encore des crins de celui-ci, tandis qu'il n'avait fallu que quelques instans d'une marche tranquille pour sécher celle du noble coursier d'Arabie, en qui il ne restait d'autres signes de fatigue que l'écume encore attachée à sa bride et à sa housse.

Le sol mobile foulé par les deux coursiers augmentait tellement la peine de celui du chrétien, chargé d'une lourde armure et du poids de son maître, que le cavalier, mettant pied à terre, le conduisit par la bride au milieu de la poussière épaisse de ce terrain aride, réduit par la chaleur en une substance plus impalpable que le sable le plus fin. Il se condamnait ainsi lui-même à une fatigue nouvelle, pour soulager son fidèle coursier; car ses pieds s'enfonçaient dans la poussière jusqu'à la cheville à chaque pas qu'il faisait sur un sol si léger et qui offrait si peu de résistance.

— Vous avez raison, dit le Sarrasin, et c'était le premier mot qui eût été prononcé depuis qu'ils avaient conclu leur trêve. Ce bon cheval mérite vos soins; mais que faites-vous dans le désert d'un animal qui s'enfonce à chaque pas jusqu'au-dessus du fanon, comme s'il voulait planter ses pieds à la même profondeur que la racine du dattier?

Le chevalier chrétien fut peu content du ton de critique avec lequel l'infidèle s'exprimait sur son coursier favori. — Vous parlez bien, répondit-il, c'est-à-dire d'après vos connaissances et vos observations. Mais dans mon pays j'ai traversé sur ce bon cheval un lac aussi étendu que celui que vous voyez derrière nous, sans qu'il se mouillât un poil au-dessus de la corne.

Le Sarrasin le regarda avec autant de surprise que sa courtoisie lui permit d'en montrer; mais il ne la témoigna que par un léger sourire approchant du dédain, qui fit à peine mouvoir un poil de sa moustache épaisse.

— C'est bien dit, chrétien, ajouta-t-il en reprenant sur-le-champ son calme et sa gravité ordinaires : écoutez un Franc, et vous entendrez une fable.

— Vous n'êtes pas poli, infidèle, répondit le croisé, puisque vous doutez de la parole d'un chevalier; et, si je ne savais que vous parlez ainsi par ignorance, et non pour m'insulter, notre trêve à peine commencée se terminerait sur-le-champ. Croyez-vous que je vous fasse un mensonge quand je vous dis que moi et cinq cents cavaliers armés de toutes pièces, nous avons marché pendant plusieurs milles sur de l'eau qui avait la solidité du cristal et moins de fragilité?

— Que voulez-vous me dire? s'écria le musulman. Cette mer que vous me montrez a cela de particulier qu'attendu la malédiction spéciale de Dieu elle ne souffre que rien ne s'enfonce sous ses eaux, et rejette sur ses bords tout ce qui y tombe; mais ni la mer Morte, ni aucun des sept océans qui entourent la terre, ne souffrent sur leur surface la pression du pied d'un cheval, pas plus que la mer Rouge ne souffrit la marche de Pharaon et de son armée.

— Vous parlez suivant vos connaissances, Sarrasin, dit le chevalier chrétien, et cependant, croyez-en les miennes, je ne vous conte point une fable. Ici la chaleur convertit ce sable en une poussière qui a presque l'instabilité de l'eau : dans mon pays, le froid change quelquefois l'eau même en une substance aussi dure qu'un rocher. Mais n'en parlons plus; le souvenir de la surface bleue, calme et limpide, d'un de nos lacs pendant l'hiver, réfléchissant l'éclat brillant des étoiles et de la lune, redouble les horreurs de ce désert brûlant, où l'air qu'on respire ressemble à la vapeur d'une fournaise sept fois échauffée.

Le Sarrasin le regarda attentivement, comme pour s'assurer de quelle manière il devait interpréter un discours qui, à ses yeux, devait paraître cacher quelque chose de mystérieux ou le désir de le tromper. Enfin il parut avoir pris sa détermination sur le sens qu'il devait attacher à ce que venait de dire son nouveau compagnon.

— Vous êtes d'une nation qui aime à rire, lui dit-il, et vous vous amusez à plaisanter aux dépens des autres en leur racontant des choses impossibles et qui n'ont jamais pu arriver. Vous êtes un des chevaliers de France, qui se font un plaisir et un passe-temps de se *gaber* les uns des autres, comme ils le disent, en se vantant d'exploits au dessus du pouvoir de l'homme. J'aurais tort de vous contester, en ce moment, le privilège de parler ainsi, puisque les fanfaronnades vous sont plus naturelles que la vérité.

— Je ne suis pas de ce pays, répondit le chevalier, et je n'en adopte pas la mode, qui, comme vous le dites fort bien, est de se *gaber* des autres, en se vantant de ce qu'on n'a jamais fait, et en entreprenant ce qu'on ne peut achever : je me suis rendu coupable de la même folie, brave Sarrasin, en vous parlant de ce qu'il est impossible que vous compreniez. Même en vous disant la plus simple vérité, j'ai mérité de passer à vos yeux pour un *gabeur*; ainsi, je vous prie, qu'il n'en soit plus question.

Ils arrivaient en ce moment près du bouquet de palmiers dont l'ombrage protégeait l'eau limpide de la source.

Nous avons parlé d'un instant de trêve au milieu de la guerre, et ce beau lieu, au milieu d'un désert stérile, en offrait une à l'imagination qui n'était pas moins agréable. Il présentait une scène qui partout ailleurs aurait peut-être attiré peu d'attention ; mais, comme c'était le seul endroit qui, dans un horizon sans bornes, offrît de l'ombre pour se rafraîchir et de l'eau pour se désaltérer, ce double avantage, qu'on méprise, quand il se trouve à chaque pas, faisait un petit paradis de la fontaine et de son voisinage.

Quelque main généreuse ou charitable, avant le commencement des jours de deuil de la Palestine, avait entouré d'un mur et couvert cette source d'une voûte, afin d'empêcher qu'elle ne fût absorbée dans la terre, et comblée par les nuages de sable que le moindre souffle de vent déroulait sur le désert. Cette voûte était alors dégradée, et une partie tombait en ruines ; mais il en restait encore assez pour couvrir la fontaine de manière à en exclure le soleil. Un rayon oblique pouvait à peine effleurer ses eaux, qui, tandis que tout était sécheresse et aridité dans les environs, offraient une nappe argentée, délicieuse pour les yeux comme pour l'imagination. En sortant de dessous la voûte, l'eau était reçue dans un bassin de marbre, dégradé à la vérité, mais égayant la vue en prouvant que cette place avait été autrefois regardée comme une halte ou station ; que la main de l'homme y avait travaillé, et qu'on y avait songé aux besoins de l'homme. C'était un signe qui rappelait au voyageur altéré et fatigué que d'autres que lui avaient été exposés aux mêmes souffrances, s'étaient reposés dans le même lieu, et étaient sans doute retournés en sûreté dans un pays plus fertile. Le petit courant à peine visible, échappé de ce bassin, servait à nourrir le peu d'arbres qui entouraient la fontaine ; et quand il disparaissait, absorbé dans la terre, sa présence était annoncée par une belle verdure.

DU TEMPS DES CROISADES

Ce fut dans cet endroit délicieux que les deux guerriers s'arrêtèrent, et chacun d'eux, à sa manière, débarrassa son coursier de sa selle, de son mors et de ses rênes, et les deux chevaux se désaltérèrent dans le bassin, tandis que leurs maîtres se rafraîchissaient à la fontaine sous la voûte. Ils permirent alors à leurs montures d'errer à leur volonté dans les environs, sachant bien que leur intérêt et leurs habitudes de domesticité les empêcheraient de s'écarter d'un lieu où ils trouvaient de l'eau pure et de l'herbe fraîche.

Le chrétien et le Sarrasin s'assirent ensuite l'un près de l'autre sur le gazon, et tirèrent de leur valise le peu de provisions dont ils s'étaient munis. Cependant, avant de songer à satisfaire leur appétit, ils se regardèrent l'un l'autre avec cette curiosité que le combat sérieux et opiniâtre qu'ils venaient de se livrer était si bien fait pour leur inspirer. Chacun d'eux semblait vouloir mesurer la force d'un adversaire si redoutable, et se faire une idée de son caractère ; chacun d'eux fut obligé de reconnaître que, s'il eût succombé dans le combat, c'eût été sous un bras digne de lui.

Les traits et l'extérieur des deux champions offraient un contraste parfait ; et l'on aurait pu croire voir en eux des représentans assez bien caractérisés de leurs différentes nations. Le Franc paraissait un homme robuste, modèle des anciennes formes gothiques, avec une forêt de cheveux châtains, qui frisèrent naturellement quand il eut quitté son casque. La chaleur du climat avait rendu à son visage une teinte plus brune qu'on ne s'y serait attendu en voyant son grand œil bleu bien fendu, la couleur de ses cheveux et celle des moustaches qui ombrageaient sa lèvre supérieure, car sa barbe était taillée avec soin sur son menton, suivant l'usage des Normands. Il avait le nez grec et bien formé; la bouche un peu grande, mais de belles dents d'une blancheur éclatante; la tête petite et gracieuse. Son âge ne pouvait dépasser trente ans; mais, en prenant en considération les effets de la fatigue et du climat, on pouvait lui en supposer trois ou quatre de moins. Il avait la taille et la vigueur d'un athlète, et semblait susceptible d'acquérir avec le temps un excès d'embonpoint, quoique tout annonçât encore en lui la légèreté et l'activité. Quand il eut ôté ses gantelets, il fit voir des mains larges, blanches, et bien proportionnées; des poignets vigoureux, et des bras d'une force remarquable. Une hardiesse militaire et l'expression d'une franchise insouciante caractérisaient tous ses discours et tous ses gestes; enfin le son de sa voix annonçait un homme plus accoutumé à commander qu'à obéir, et qui était habitué à énoncer dans la circonstance ses sentimens tout haut et sans biaiser.

La stature de l'émir s'élevait, à la vérité, au-dessus de la moyenne taille; mais elle restait au moins trois pouces au-dessous de celle de l'Européen, qui était presque gigantesque. Ses membres grêles, ses longues mains et ses bras maigres, quoique en proportion avec toute sa personne, et son extérieur, ne promettaient pas d'abord la vigueur et l'élasticité dont il avait récemment donné des preuves. Mais, examinés avec plus d'attention, ceux de ses membres qui étaient exposés à la vue semblaient seulement dépouillés de tout excès de chair qui aurait pu en gêner les mouvemens; de sorte qu'il n'y restait que des os, des muscles et des nerfs. C'était un corps fait pour la fatigue et pour des exploits bien au-dessus de ceux qu'aurait pu faire un champion dont la vigueur et la taille trouvent un contre-poids dans sa pesanteur, et qui s'épuise par ses propres efforts. La physionomie du Sarrasin participait du caractère général de la tribu orientale dont il descendait, mais sans offrir aucun de ces traits exagérés par lesquels les ménestrels de cette époque représentaient les champions infidèles, et qu'on retrouve encore dans la peinture des enseignes. Son visage, délicat et bien formé, mais brûlé par le soleil du Levant, se terminait par une barbe noire, naturellement bouclée, qui semblait peignée avec un soin particulier. Ses yeux étaient un peu enfoncés, mais vifs, noirs et brillans; son nez, droit et régulier; et ses dents égalaient en beauté l'ivoire de ces déserts. En un mot, l'extérieur et les proportions du Sarrasin, étendu sur le gazon, près de son vigoureux antagoniste, auraient pu fournir un parallèle analogue à celui de son cimeterre brillant, en forme de croissant, avec une lame de damas étroite et légère, mais étincelante et bien affilée, comparée à la longue et pesante épée gothique qui reposait à côté sur le même sol. L'émir était dans la fleur de l'âge, et il aurait pu passer pour un très-bel homme si son front n'eût été trop étroit, et si ses traits n'eussent manqué de cette forme ronde et de cet embonpoint modéré qui, du moins suivant les idées des Européens, sont nécessaires pour constituer la beauté.

Les manières du guerrier oriental étaient pleines de gravité et de grace; elles indiquaient cependant, à quelques égards, la contrainte que s'imposent quelquefois les hommes doués d'un caractère impétueux et irascible, pour se tenir en garde contre leurs dispositions naturelles; et l'on y voyait en même temps percer le sentiment intime de sa propre dignité, qui semblait imposer une certaine formalité de conduite à quiconque se trouvait avec lui.

Ce sentiment hautain de supériorité se trouvait peut-être aussi dans le cœur de sa nouvelle connaissance d'Europe; mais il produisait dans les deux compagnons un effet tout différent. Le même sentiment qui donnait au chevalier chrétien un air de hardiesse, de franchise et presque d'insouciance, sans s'inquiéter de ce que pensaient les autres de son importance, paraissait prescrire au Sarrasin un genre de politesse qui observait strictement toutes les règles du cérémonial. Tous deux étaient courtois; mais la courtoisie du chrétien semblait prendre sa source dans la connaissance de ce qui était dû aux autres; celle du musulman paraissait venir de la haute idée qu'il se faisait de ce qu'on devait attendre de lui.

Les provisions dont chacun d'eux s'était chargé pour son repas étaient fort simples; mais celles du Sarrasin plus frugales encore. Une poignée de dattes et un morceau de pain d'orge suffirent pour satisfaire l'appétit d'un homme que son éducation avait habitué à la nourriture du Désert, quoique, depuis leurs conquêtes en Syrie, la simplicité de la vie des Arabes eût souvent fait place à la profusion la plus extravagante. Quelques gorgées de l'eau de la fontaine complétèrent son repas.

Celui du chrétien, sans être recherché, était plus substantiel. Du porc salé, l'abomination du musulman, en composa la plus grande partie, et sa boisson, qu'il puisa dans une bouteille de cuir, valait un peu mieux que le pur élément. Il montra plus d'appétit en mangeant, et plus de satisfaction en buvant, que le Sarrasin ne jugeait qu'il convenait de le faire en s'acquittant d'une fonction purement animale. Et sans doute le secret mépris qu'ils avaient l'un pour l'autre, en se regardant mutuellement comme sectateurs d'une fausse religion, dut s'accroître par la différence marquée de leur nourriture et de leurs manières. Mais chacun d'eux avait éprouvé la force du bras de l'autre, et le respect réciproque que leur avait inspiré leur combat suffisait pour faire taire toutes considérations d'un ordre inférieur.

Le Sarrasin ne put cependant s'empêcher de faire une remarque sur ce qui lui déplaisait dans la conduite et dans les manières du chrétien; et après avoir été quelque temps témoin silencieux du bon appétit qui lui faisait prolonger son repas, long-temps après que le sien était terminé, il lui adressa la parole en ces termes :

— Vaillant Nazaréen, est-il convenable que celui qui sait combattre comme un homme se nourrisse comme un chien ou un loup ? Un Juif mécréant aurait horreur lui-même de la chair que vous mangez vous, comme si c'était un fruit des arbres du paradis.

— Brave Sarrasin, répondit le chrétien en le regardant avec un air de surprise occasioné par ce reproche inattendu, apprends que j'use de la liberté d'un chrétien, en me nourrissant d'une chair que le Juif s'interdit parce qu'il est encore, ou du moins qu'il croit être sous la servitude de l'ancienne loi de Moïse. Sache que nous avons une meilleure garantie pour ce que nous faisons. — *Ave Maria,* — soyons reconnaissans. — et comme pour braver les scrupules de son compa-

3.

gnon, il but encore un long trait dans sa bouteille de cuir, après avoir prononcé de courtes graces en latin.

— Voilà encore ce que vous appelez une partie de votre liberté, dit le Sarrasin. Vous n'avez pas plus de retenue que les animaux des bois dans le choix de votre nourriture, et vous vous dégradez même au-dessous d'eux en buvant ce qu'ils refuseraient.

— Apprends, insensé Sarrasin, répondit sans hésiter le chevalier du Léopard, que tu blasphèmes contre les dons de Dieu, comme blasphéma ton père Ismaël. Le jus de la grappe est donné à celui qui le prend avec modération comme un breuvage qui réjouit le cœur de l'homme après ses travaux, qui le soulage dans ses maladies, qui le console dans ses chagrins. Celui qui en use de cette manière peut rendre grace à Dieu pour sa coupe de vin comme pour son pain quotidien; et celui qui abuse de ce don du ciel n'est pas un plus grand fou dans son ivresse que tu ne l'es dans ton abstinence.

L'œil vif du Sarrasin s'enflamma à ce sarcasme, et il fit un geste pour porter la main à son poignard. Ce ne fut pourtant qu'une pensée momentanée, qui s'évanouit quand il songea à la vigueur du champion à qui il avait eu affaire, et à l'étreinte terrible de cette main dont il portait encore les marques; il se contenta de continuer une dispute verbale, comme la plus convenable au moment.

— Tes paroles, Nazaréen, dit-il, pourraient exciter la colère, si ton ignorance ne faisait naître la compassion. Plus aveugle qu'aucun de ceux qui demandent l'aumône à la porte d'une mosquée, ne vois-tu pas que la liberté dont tu te vantes est restreinte dans ce qui est le plus précieux pour le bonheur de l'homme, et dans ce qui est le plus nécessaire à sa maison? Ta loi, si tu l'observes, ne t'enchaîne-t-elle pas par le mariage à une seule femme, qu'elle soit malade ou bien portante, féconde ou stérile; qu'elle apporte à ta table et à ton lit la joie et les consolations, ou le regret et les querelles? Voilà, Nazaréen, ce que j'appelle véritablement un esclavage; au lieu que le prophète a accordé aux fidèles sur la terre le privilège patriarcal d'Abraham, notre père, et de Salomon, le plus sage des hommes, en nous permettant ici-bas une variété de beautés, et en nous promettant, au-delà du tombeau, les houris aux yeux noirs du paradis.

— Par le nom de celui que j'adore dans le ciel, et de celle que je révère le plus sur la terre, s'écria le chrétien, tu n'es qu'un infidèle aveugle et égaré. Ce diamant que tu portes au doigt, tu le regardes sans doute comme d'un prix inestimable?

— Balsora et Bagdad n'en pourraient montrer un semblable. Mais quel rapport cette question a-t-elle avec le sujet de notre entretien?

— Un rapport direct, comme tu vas en convenir toi-même. Prends ma masse d'armes, et brise ce diamant en vingt morceaux. Chaque fragment sera-t-il aussi précieux que la pierre tout entière, et toutes les parties en vaudront-elles ensemble le dixième du prix?

— C'est une question à faire à un enfant. La valeur des fragmens d'un tel diamant serait plus de cent fois au-dessous de celle de la pierre entière.

— Eh bien, Sarrasin, l'amour qu'un vrai chevalier a pour une seule femme, belle et fidèle, est le diamant entier; et l'affection que tu prodigues à tes femmes esclaves, et à des esclaves qui ne sont qu'à demi tes femmes, n'a pas plus de prix, comparativement, que n'en auraient les fragmens de cette pierre.

— Par le saint Caaba! tu es un fou qui embrasses ta chaîne de fer comme si elle était d'or. Regarde plus attentivement. Cette bague que tu vois perdrait la moitié de sa beauté, si ce superbe brillant n'était entouré de diamans de moindre prix, qui le font valoir. Cette pierre centrale est l'homme, ferme, entier, et dont la valeur ne dépend que de lui seul ; et celles qui en forment l'entourage sont les femmes qui en empruntent leur lustre, qu'il leur prête au gré de son plaisir ou de sa convenance. Ote de la bague le diamant qui en fait le centre, il sera aussi précieux qu'auparavant, mais les petites pierres seront comparativement de peu de valeur. Telle est la véritable version de ta parabole, car que dit le poète Mansour? — C'est la faveur de l'homme qui donne à la femme sa beauté et son charme ; de même que l'eau du ruisseau cesse de briller quand les rayons du soleil ne la frappent plus.

— Sarrasin, tu parles en homme qui n'a jamais vu une femme digne de l'affection d'un soldat. Crois-moi, si tu pouvais voir celles d'Europe, à qui nous autres, qui avons reçu l'ordre de la chevalerie, nous prêtons serment de fidélité et de dévouement, tu serais dégoûté pour toujours des pauvres esclaves sensuelles qui peuplent ton harem. Les attraits de nos belles rendent nos lances plus perçantes, et nos glaives mieux affilés ; leurs paroles sont notre loi ; et l'on verra aussitôt une lampe répandre de la clarté sans être allumée, qu'un chevalier se distinguer par des faits d'armes sans avoir une maîtresse de ses affections.

— J'ai entendu parler, dit l'émir, de cette extravagance des guerriers de l'Occident, et je l'ai toujours regardée comme un des symptômes accompagnant cette folie qui vous amène ici pour vous emparer d'un sépulcre vide. Cependant j'ai entendu les Francs avec lesquels je me suis trouvé faire un si grand éloge de la beauté de leurs femmes, qu'il me semble que j'aimerais à voir de mes propres yeux ces charmes qui peuvent faire de tant de braves guerriers les instrumens de leurs volontés.

— Brave Sarrasin, si je n'étais en pèlerinage pour le saint sépulcre, je me ferais honneur de te conduire, avec toute assurance de sécurité, dans le camp de Richard d'Angleterre, qui sait mieux que personne rendre honneur à un noble ennemi. Quoique pauvre et sans suite, j'ai assez de crédit pour t'assurer, ainsi qu'à tous ceux qui sont ce que tu parais être, non-seulement sûreté, mais estime et respect. Tu y verrais plusieurs des plus illustres beautés de la France et de l'Angleterre, formant un petit cercle dont l'éclat surpasse dix mille fois le lustre de toutes les mines de diamans semblables au tien.

— Par la pierre angulaire du Caaba, s'écria le Sarrasin, j'accepterai ton invitation aussi franchement que tu me la fais, si tu veux retarder ton pèlerinage; et crois-moi, brave Nazaréen, tu ferais mieux de tourner la tête de ton cheval du côté du camp de tes compatriotes; car te rendre à Jérusalem sans passe-port, c'est renoncer volontairement à la vie.

— J'en ai un, répondit le chevalier en lui montrant un parchemin, et il est signé par Saladin et revêtu de son sceau.

Le Sarrasin baissa la tête vers la poussière, en reconnaissant le cachet et l'écriture du célèbre soudan d'Égypte et de Syrie, et, ayant baisé le parchemin avec un profond respect, il le porta à son front, et le remit au chrétien en lui disant : — Téméraire Franc, tu as péché contre ton sang et contre le mien en ne me montrant pas ton passe-port quand nous nous sommes rencontrés.

— Tu m'as approché la javeline levée, répondit le chevalier ; si j'avais été assailli par une troupe de Sarrasins, mon honneur m'aurait permis de leur faire voir l'ordre du soudan ; mais il ne me permettait pas de le montrer à un homme seul.

— Et cependant, répliqua le Sarrasin, un homme seul a suffi pour interrompre ton voyage.

— Tu as raison, brave musulman ; mais les hommes comme toi sont rares. De pareils faucons ne se montrent pas en troupe, ou du moins, en ce cas, ils ne fondent pas tous ensemble sur un seul oiseau.

— Tu nous rends justice, répondit le Sarrasin, évidemment aussi flatté de ce compliment qu'il avait été piqué auparavant de ce qu'il avait appelé les fanfaronnades du chevalier. Nous aurions dédaigné de prendre sur toi un injuste avantage ; mais il est heureux pour moi que je n'aie pas réussi à te priver de la vie, ayant sur toi la sauvegarde du roi des rois. Il est certain que la corde ou le cimeterre m'aurait justement puni d'un tel crime.

— Je suis charmé d'apprendre que l'influence de cet écrit pourra m'être utile, car j'ai entendu dire que la route est infestée de tribus de brigands, qui ne respectent rien quand ils trouvent une occasion de pillage.

— On t'a dit la vérité, brave chrétien; mais je te jure par le turban du Prophète que, si tu es victime de la scélératesse de ces bandits, je me chargerai moi-même de te venger à la tête de cinq cents cavaliers: j'exterminerai toute leur population mâle, et j'enverrai leurs femmes si loin en captivité, que le nom de leur tribu ne sera jamais prononcé à cinq cents milles de Damas; je raserai leur village, je semerai du sel sur les fondations, et nulle créature vivante ne pourra l'habiter à l'avenir.

— Je préférerais, noble émir, que toutes les peines que vous vous proposez de prendre fussent pour venger quelque autre que moi; mais mon vœu est enregistré dans le ciel, quoi qu'il puisse m'en arriver, et je vous serai obligé de m'indiquer le chemin que je dois suivre pour me rendre à l'endroit où je compte passer la nuit.

— Ce sera sous la tente noire de mon père.

— Je dois passer cette nuit en prières avec un saint homme, Théodoric d'Engaddi, qui demeure dans ce désert et qui consacre sa vie au service de Dieu.

— Du moins je vous y conduirai en sûreté.

— Votre compagnie me serait fort agréable, brave émir; mais elle pourrait mettre en danger la sûreté future du bon père, car la main cruelle de votre peuple s'est rougie plus d'une fois dans le sang des serviteurs du Seigneur; c'est pourquoi nous sommes venus ici couverts de casques et de cuirasses, armés de l'épée et de la lance, pour ouvrir une route jusqu'au saint sépulcre, et protéger les anachorètes qui demeurent dans cette terre de promission et de miracles.

— Les Grecs et les Syriens nous ont en cela cruellement calomniés, Nazaréen; car nous n'agissons que d'après les ordres d'Abubeker Alwakel, successeur du Prophète, et après lui le premier commandeur des croyans. — Allez, dit-il à Yezed Ben Sophian, quand il envoya ce général renommé conquérir la Syrie sur les infidèles; conduisez-vous en hommes dans le combat; mais ne tuez ni les vieillards, ni les infirmes, ni les femmes, ni les enfans. Ne dévastez pas la terre, et ne détruisez ni la moisson, ni les arbres fruitiers, car c'est Allah qui en a fait présent aux hommes. Gardez votre parole, quand même ce devrait être à votre détriment. Si vous trouvez de saints hommes, travaillant de leurs mains et servant Dieu dans le Désert, ne leur faites aucun tort, et ne renversez pas leur demeure. Mais si vous les trouvez ayant la tête rasée, ils sont de la synagogue de Satan; frappez-les avec le cimeterre, exterminez-les, et ne leur laissez de repos que lorsqu'ils seront devenus croyans ou tributaires? Telles ayant été les paroles du calife, compagnon du Prophète, nous lui avons obéi; et ceux que notre justice a frappés ne sont que les prêtres de Satan. Quant aux saints hommes qui, sans soulever les nations contre les nations, honorent Dieu sincèrement, dans la foi d'Issa Ben Mariam (1), nous ne sommes pour eux qu'une ombre et un bouclier, et, tel étant celui que vous cherchez, quoique la lumière du Prophète ne l'ait point éclairé, il ne trouvera en moi qu'affection, égards et protection.

— J'ai entendu dire que l'anachorète que je vais visiter n'est pas prêtre; mais s'il appartenait à cet ordre

---

(1) Jésus, fils de Marie. — Éd.

oint et sacré, je prouverais, la lance au poing, contre tout païen et tout infidèle....

— Ne nous défions pas l'un l'autre, mon frère, dit le Sarrasin en l'interrompant; nous trouverons tous deux assez de Francs et de musulmans pour exercer nos cimeterres et nos lances. Ce Théodoric est également protégé par le Turc et par l'Arabe, et quoique ce soit un homme d'un caractère étrange par intervalles, cependant il se conduit si bien, comme sectateur de son prophète, qu'il mérite la protection de celui qui fut envoyé......

— Par Notre-Dame, Sarrasin, s'écria le chevalier chrétien, si tu oses nommer en même temps le conducteur de chameaux de la Mecque, et....

Un mouvement électrique de colère agita tous les membres de l'émir; mais il ne dura qu'un instant, et le ton calme de sa réponse annonçait autant de raison que de dignité.

— Ne calomnie pas celui que tu ne connais point, dit-il en l'interrompant à son tour; d'autant plus que nous respectons le fondateur de ta religion, quoique nous condamnions la doctrine que vos prêtres ont tirée de sa morale. Je vais te conduire moi-même à la caverne de l'ermite; car, sans mon aide, tu aurais quelque difficulté à la trouver. Laissons aux mollahs et aux moines le soin de disputer sur la sainteté de notre foi respective, et chemin faisant parlons de sujets qui conviennent mieux aux jeunes guerriers, de combats, de belles femmes, de cimeterres bien affilés et de brillantes armures.

CHAPITRE III.

> » En le voyant, il fut saisi d'effroi,
> » Et ne savait que penser ni que faire.
> » N'était ce donc qu'une vaine chimère?
> » Était-ce un songe abusant sa raison?
> » Était-ce un ombre, une esprit, un démon? »
>
> Spencer.

Les deux guerriers se levèrent après avoir pris un court repas et un léger rafraîchissement. Ils s'aidèrent obligeamment l'un l'autre à ajuster les harnais dont ils avaient momentanément débarrassé leurs fidèles coursiers. Tous deux semblaient parfaitement habitués à remplir des fonctions qui à cette époque faisaient une partie nécessaire et même indispensable des devoirs d'un cavalier; tous deux semblaient aussi, autant que l'admettait la différence entre l'espèce animale et l'espèce raisonnable, posséder la confiance et l'affection du cheval, fidèle compagnon de ses fatigues et de ses dangers. A l'égard du Sarrasin, cette familiarité intime résultait de ses habitudes de jeunesse; car, sous les tentes des tribus belliqueuses de l'Orient, le guerrier attache à son cheval une importance qui ne le cède guère qu'à celle qu'ont pour lui sa femme et sa famille. Quant au chevalier européen, les circonstances et la nécessité faisaient que son cheval de bataille ne lui était guère moins cher qu'un frère d'armes.

Les deux coursiers se laissèrent donc tranquillement priver de leur liberté, et, renonçant à leur pâture, se mirent à hennir affectueusement près de leurs maîtres pendant que ceux-ci les revêtaient de leur équipement pour se remettre en route, et supporter de nouvelles fatigues. Chacun des deux guerriers, en s'acquittant de sa propre tâche, ou en aidant avec courtoisie son compagnon à remplir la sienne, regardait attentivement, remarquait avec curiosité ce qui lui paraissait singulier dans la manière d'arranger des objets dont il n'était pas habitué à se servir.

Avant de remonter à cheval, le chevalier chrétien se mouilla encore les lèvres, et trempa de nouveau ses mains dans l'eau vive de la fontaine. — Je voudrais, dit-il alors à son compagnon païen, savoir le nom de cette source pour en conserver un souvenir reconnaissant; car jamais eau plus délicieuse n'a pu étancher une soif plus ardente.

— Le nom qu'elle porte en arabe, répondit le Sarrasin, signifie le Diamant du désert.

— Et elle mérite ce nom, dit le croisé. Il y a mille sources dans la vallée qui m'a vu naître; mais je n'attacherai à aucune d'elles un souvenir aussi précieux qu'à cette fontaine solitaire, qui répand ses trésors liquides dans un endroit où ils sont non-seulement délicieux, mais presque indispensables.

— C'est la vérité, ajouta l'émir ; car la malédiction existe encore sur cette mer de mort, et ni l'homme ni la brute ne boivent de ses eaux ; on ne goûte même de celles de la rivière qui l'alimente sans la remplir, qu'après être sorti de ce désert inhospitalier.

Les deux guerriers montèrent à cheval, et continuèrent leur voyage à travers la plaine sablonneuse. La chaleur de midi était passée, et une brise légère rendait plus supportables les horreurs du désert, quoiqu'elle portât sur ses ailes une poussière impalpable, à laquelle le Sarrasin faisait peu d'attention, mais que le chevalier, pesamment armé, trouvait si incommode qu'il suspendit son casque d'acier à l'arçon de sa selle, et se couvrit la tête d'un léger bonnet de voyage, qu'on nommait alors un *mortier*, d'après la ressemblance qu'il avait avec un mortier ordinaire.

Ils marchèrent quelque temps en silence, le Sarrasin remplissant les fonctions de guide, ce qu'il faisait en examinant la coupe et le gisement des premières traces d'une chaîne de rochers dont ils s'approchaient peu à peu. Cette tâche sembla d'abord absorber toute son attention, et il était comme un pilote qui conduit un navire dans un bras de mer où la navigation est difficile ; mais à peine avaient-ils fait une demi-lieue qu'il parut assuré de sa route, et il se montra alors disposé à entrer en conversation avec une franchise qu'il n'était pas ordinaire de trouver dans sa nation.

— Vous m'avez demandé, dit-il au chevalier, le nom d'une fontaine qui a la ressemblance, mais non la réalité d'un être vivant. Vous me pardonnerez, j'espère, si je vous demande celui du compagnon de dangers et de repos que j'ai rencontré aujourd'hui, et que je ne puis croire inconnu, même au milieu des déserts de la Palestine.

— Il ne mérite pas encore d'être cité, répondit le chrétien. Je vous dirai pourtant que Kenneth est le nom que je porte parmi les soldats de la croix, Kenneth du Léopard-Dormant. J'ai d'autres titres dans mon pays; mais le son en serait dur pour une oreille orientale. A mon tour, brave Sarrasin, je vous demanderai quelle tribu d'Arabie vous réclame comme un de ses enfans, et sous quel nom vous y êtes connu.

— Je me réjouis, sir Kenneth, que votre nom soit tel que mes lèvres puissent le prononcer. Quant à moi, je ne suis point Arabe; mais je descends d'une race qui n'est ni moins errante, ni moins belliqueuse. Sachez, sire chevalier du Léopard, que je me nomme Sheerkohf, le Lion de la montagne, et que le Kourdistan, d'où je tire mon origine, ne contient pas une famille plus noble que celle de Seljouk.

— J'ai entendu dire que votre grand soudan prétend avoir puisé son sang dans la même source.

— Graces en soient rendues au Prophète, qui a honoré nos montagnes au point de tirer de leur sein celui dont la parole est une victoire. Je ne suis qu'un humble vermisseau devant le roi de l'Égypte et de la Syrie; et cependant mon nom peut valoir quelque chose dans mon pays. Noble étranger, avec combien d'hommes êtes-vous venu à la guerre?

— Sur ma foi, avec l'aide de mes amis et de mes parens; ce n'a pas été sans peine que j'ai pu fournir dix bonnes lances et une cinquantaine d'hommes, y compris archers et valets. Quelques-uns ont déserté ma malheureuse bannière, d'autres ont péri sur le champ de bataille; plusieurs ont été moissonnés par les maladies; mon fidèle écuyer lui-même est dangereusement malade, et c'est pour obtenir sa guérison que j'ai entrepris ce pèlerinage.

— Chrétien, j'ai cinq flèches dans ce carquois, toutes garnies de plumes tirées de l'aile d'un aigle. Quand j'en envoie une à mes tentes, mille guerriers montent à cheval; si j'en envoie une seconde, une pareille force sera à mes ordres. Les cinq feront lever cinq mille hommes; et si j'envoie mon arc, dix mille cavaliers feront soulever la poussière du Désert. Et c'est avec cinquante hommes à ta suite que tu viens envahir un pays dont je ne suis qu'un des derniers enfans !

—Par la croix, Sarrasin, avant de te vanter ainsi, tu devrais apprendre qu'un gantelet d'acier peut écraser d'un seul coup une poignée de guêpes.

— Oui, mais il faut d'abord pouvoir mettre la main sur elles, dit le Sarrasin avec un sourire qui aurait pu rompre leur alliance encore toute nouvelle, s'il n'eût changé le sujet de la conversation en ajoutant : — Et la bravoure est-elle donc assez estimée parmi les princes chrétiens pour que toi, qui n'as ni fortune ni soldats, tu puisses m'offrir, comme tu viens de le faire, d'être mon protecteur dans le camp de tes frères, et de m'y garantir de tout danger ?

— Apprends, Sarrasin, puisque tu me parles ainsi, que le nom d'un chevalier et le sang d'un gentilhomme lui donnent le droit de se placer sur le même rang que les souverains les plus puissans, en tout ce qui ne concerne pas l'autorité royale et le pouvoir suprême. Si Richard d'Angleterre lui-même blessait l'honneur d'un chevalier aussi pauvre que moi, il ne pourrait, d'après les lois de la chevalerie, lui refuser le combat.

— Il me semble que j'aimerais à voir une scène si étrange, où un baudrier de cuir et une paire d'éperons mettent le plus pauvre de niveau avec le plus puissant.

— Ajoutez-y un sang noble et une ame intrépide, et peut-être ne vous serez-vous pas trompé.

— Et vous mêlez-vous aussi hardiment parmi les femmes de vos chefs et de vos grands?

— A Dieu ne plaise que le plus pauvre chevalier de la chrétienté ne soit pas libre de consacrer, en tout honneur, son cœur et son épée, la renommée de ses actions, et l'entier dévouement de son ame, à la plus belle princesse dont le front ait jamais porté une couronne.

— Il n'y a qu'un moment tu me peignais l'amour comme étant le plus grand trésor du cœur. Le tien est sans doute placé en lieu noble et élevé?

— Étranger, répondit le chrétien, le visage couvert d'une vive rougeur, nous ne disons pas inconsidérément où nous plaçons notre trésor le plus précieux. Qu'il te suffise de savoir que mon amour est placé, comme tu le disais, en lieu noble et élevé, très-noble, très-élevé. Mais, si tu veux entendre parler d'amour et de lances rompues, viens dans le camp des croisés, et tu y trouveras de quoi exercer tes oreilles et même ton bras, si tu le veux.

Le guerrier de l'Orient, se soulevant sur ses étriers, et agitant sa javeline, répondit avec fierté : — Je doute que je trouve un de vos gens ayant la croix sur l'épaule qui veuille entrer en lice avec moi pour lancer le djérid.

— Je ne vous promets rien à cet égard, dit le chevalier ; et pourtant il y a dans le camp certains Espagnols qui connaissent assez bien votre passe-temps oriental de lancer la javeline.

— Les chiens ! les fils de chiens ! s'écria le Sarrasin. De quoi se mêlent ces Espagnols de venir ici combattre les vrais-croyans, eux qui, dans leur pays, en sont les serviteurs et les esclaves ? Ce n'est point avec eux que je voudrais me livrer à des divertissemens guerriers.

— Que les chevaliers de Léon et des Asturies ne vous entendent point parler d'eux en pareils termes, dit le chevalier du Léopard. Mais si, au lieu de lancer un roseau, ajouta-t-il avec un sourire occasioné par le souvenir de leur combat du matin, vous voulez vous servir d'une masse d'armes, vous ne manquerez pas de guerriers de l'Occident qui seront disposés à faire votre partie.

— Par la barbe de mon père ! chrétien, répondit le Sarrasin en souriant à demi, les masses d'armes sont trop lourdes pour en faire un jeu. Je ne les fuirai jamais dans le combat ; mais ma tête, ajouta-t-il en passant la main sur son front, m'avertira quelque temps de ne pas les chercher par amusement.

— Je voudrais que vous vissiez la masse d'armes du roi Richard. Celle qui est suspendue à l'arçon de ma selle n'est qu'une plume en comparaison.

— Nous entendons beaucoup parler de ce souverain d'une île. Êtes-vous un de ses sujets ?

— Je suis un de ses soldats dans notre expédition, et je m'en trouve honoré. Mais je ne suis pas né son sujet, quoique j'aie reçu le jour dans l'île où il règne.

— Que voulez-vous dire? Avez-vous donc deux rois dans une pauvre île?

— Comme vous le dites, répondit l'Écossais, car l'Écosse était la patrie de sir Kenneth; — nous en avons deux. Mais, quoique les habitans des deux extrémités de l'île soient souvent en guerre entre eux, le pays, comme vous le voyez, peut encore fournir un corps d'hommes d'armes en état d'ébranler l'autorité profane de votre maître sur les cités de Sion.

— Par la barbe de Saladin! Nazaréen, si ce n'était une folie inconsidérée de jeunesse, je rirais de bon cœur de la simplicité de votre grand sultan, qui vient ici pour conquérir des déserts et des rochers, et en disputer la possession à ceux qui ont dix fois plus de bras à leurs ordres, tandis qu'il laisse une partie de la petite île où il a reçu le jour sous la domination d'un autre sceptre que le sien. Sûrement, sir Kenneth, vous et les autres guerriers de votre pays, vous avez dû vous soumettre à la puissance de ce roi Richard avant de quitter une contrée divisée contre elle-même.

— Non, de par la brillante lumière du ciel! s'écria Kenneth avec autant de fierté que de vivacité. Si le roi d'Angleterre n'était parti pour la croisade qu'après avoir été reconnu souverain d'Écosse, ni moi, ni aucun bon Écossais, nous n'aurions jamais cherché à empêcher le croissant de briller sur les murs de Sion.

A peine avait-il prononcé ces mots, que, rentrant en lui-même, il dit à demi-voix : — *Meâ culpâ! meâ culpâ!*

Quel droit, moi, soldat de la croix, ai-je de songer à une guerre entre des nations chrétiennes!

La manière dont la réflexion et le devoir corrigeaient cette expression inconsidérée d'un premier mouvement n'échappa point au musulman; et, s'il ne comprit pas entièrement ce que venait de dire le chevalier du Léopard, c'en fut assez pour le convaincre qu'il existait parmi les chrétiens, comme parmi les mahométans, des sentimens d'inimitié personnelle et des querelles nationales qu'il était difficile d'éteindre. Mais les Sarrasins étaient une nation aussi policée peut-être que leur religion le permettait, et particulièrement susceptible de concevoir de hautes idées de courtoisie; ce fut ce qui empêcha l'émir de paraître s'apercevoir de la contradiction qui existait entre les sentimens de sir Kenneth comme Écossais et comme croisé.

Cependant, à mesure qu'ils avançaient, la scène commençait à changer autour d'eux. Ils marchaient alors vers l'Orient, et ils avaient atteint cette chaîne de rochers escarpés et arides, qui, de ce côté, entourent une plaine nue, et qui varient la surface du pays sans en changer la nature stérile. Des éminences rocailleuses et à pic s'élevaient autour d'eux, et bientôt des monts formidables, des descentes rapides, des défilés étroits, opposèrent aux voyageurs des obstacles d'un genre nouveau. De sombres cavernes, des crevasses dans les rochers, de ces grottes dont il est si souvent parlé dans les Écritures, semblaient ouvrir des abimes des deux côtés pendant leur marche, et l'émir informa le chevalier écossais que c'était souvent le repaire d'animaux de proie ou d'hommes encore plus féroces, qui, poussés au désespoir par les suites d'une guerre continuelle et par l'oppression tant de l'une que de l'autre armée, étaient devenus brigands, et se livraient à leurs déprédations, sans égards pour la religion ni pour le rang, pour le sexe ni pour l'âge.

Le chevalier écossais écouta avec indifférence le récit des ravages commis par des bêtes farouches ou des hommes effrénés, se reposant avec confiance sur sa valeur et sa force. Mais il fut frappé d'une crainte mystérieuse quand il remarqua qu'il était au milieu du désert mémorable du jeûne de quarante jours, sur ce théâtre de la tentation à laquelle l'esprit des ténèbres put soumettre le fils de l'homme. Il cessa peu à peu de faire attention à la conversation frivole et mondaine du guerrier infidèle; et, quelque agréable qu'il eût trouvé partout ailleurs un compagnon si gai et si brave, sir Kenneth sentit que dans ce désert, dans ce séjour de désolation et d'aridité, où les mauvais esprits avaient coutume d'errer quand ils étaient chassés des corps mortels, un frère déchaussé aurait été pour lui une meilleure compagnie qu'un joyeux mécréant.

Ces réflexions lui occasionèrent une sorte d'embarras, d'autant plus que la gaieté du Sarrasin semblait augmenter à mesure qu'ils avançaient. Plus ils pénétraient dans les sombres solitudes des montagnes, plus sa conversation devenait légère et enjouée; et, quand il vit qu'il n'obtenait plus de réponse, il se mit à chanter. Sir Kenneth connaissait assez les langues de l'Orient pour être assuré qu'il chantait ces chansons d'amour, où l'éloge de la beauté inspire aux poètes orientaux toute la pompe de leur style figuré. De telles images étaient particulièrement mal adaptées aux pensées sérieuses d'un dévot chevalier dans le *désert de la tentation*. Avec une inconséquence assez remarquable, le Sarrasin chanta aussi des couplets à l'éloge du vin, le rubis liquide des poètes persans, et sa gaieté enfin devint si importune à l'Écossais, que, sans la promesse d'amitié qu'ils s'étaient faite mutuellement, sir Kenneth aurait probablement pris des mesures qui auraient obligé son compagnon à changer de ton. Quoi qu'il en soit, il lui semblait qu'il avait à ses côtés quelque démon malin et licencieux, qui tendait des pièges à son ame, et qui mettait en danger son salut éternel en lui inspirant des pensées de plaisirs terrestres dans un moment où sa foi comme chrétien et son vœu comme pèlerin lui faisaient un devoir de s'occuper de dévotion et de pénitence. Il était donc fort embarrassé, et ne savait trop ce qu'il devait faire. Enfin, avec un ton brusque de mécontentement, il interrompit le chanteur au milieu du poëme du célèbre Rudpiki, dans la strophe où il préfère le *grain de beauté* (1) qui orne le sein de sa maîtresse à toutes les richesses de Bokhara et de Samarcande.

— Sarrasin, lui dit-il d'un air grave, aveugle comme tu l'es, et plongé dans les erreurs d'une fausse loi, tu devrais pourtant comprendre qu'il y a des endroits plus saints que les autres, et qu'il en existe aussi dans lesquels le malin esprit a un pouvoir plus qu'ordinaire sur les faibles mortels. Je ne te dirai pas pour quel motif sublime ce lieu, ces rochers, ces cavernes, dont

(1) Le traducteur n'a pas osé être ici aussi *arabe* qu'en *Arabie*. Il y a dans le texte *mole*, qui signifie *tache*, et dont *envie* est le nom populaire en français — É.D.

les ténébreuses voûtes semblent conduire à l'abîme des abîmes, passent pour un endroit spécialement fréquenté par Satan et ses anges : il suffit que des hommes saints et prudens, qui connaissent les risques que l'on court dans ce lieu maudit, m'aient averti depuis long-temps de m'en méfier. Ainsi donc, Sarrasin, mets fin à une légèreté folle qui vient mal à propos, et porte tes pensées vers des choses plus en harmonie avec l'endroit où nous sommes, quoique, malheureusement pour toi, hélas ! tes meilleures prières ne soient que blasphème et péché.

Le Sarrasin l'écouta avec quelque surprise, et lui répondit avec une bonne humeur et une gaieté que la courtoisie seule contenait :

— Mon bon sir Kenneth, il me semble que vous agissez avec peu de justice à l'égard de votre compagnon, ou que vos tribus occidentales sont habituées à agir sans cérémonie. Je ne me suis pas offensé quand je vous ai vu boire du vin et vous gorger de chair de porc; je vous ai laissé jouir d'un repas que vous appeliez votre liberté chrétienne, et je me suis contenté de vous plaindre du fond du cœur en vous voyant des goûts si impurs. Pourquoi donc vous scandaliser quand j'égaie de mon mieux une triste route par quelques vers enjoués ? Que dit le poète ? — Le chant est comme la rosée du ciel tombant sur le sein du Désert; il rafraîchit le sentier du voyageur.

— Ami Sarrasin, répondit le chrétien, je ne te blâme pas d'aimer le chant et la gaie science, car nous y consacrons souvent nous-mêmes un temps qui pourrait être employé à de meilleures pensées; mais il vaut mieux réciter des prières et des psaumes que de chanter les plaisirs de l'amour et du vin, quand on traverse cette vallée de l'ombre de la mort, pleine de malins esprits, que les prières de saints hommes ont forcés à s'éloigner des habitations des mortels, et à errer dans des lieux aussi maudits qu'eux-mêmes.

— Ne parle pas ainsi des génies, chrétien, dit le Sarrasin; apprends que tu parles à un homme dont la famille et la nation tirent leur origine de la race immortelle que la tienne redoute et contre laquelle elle blasphème.

— Je pensais bien que votre race aveugle descendait de l'esprit de ténèbres, sans le secours duquel vous n'auriez jamais pu vous maintenir dans cette bienheureuse terre de la Palestine, contre un si grand nombre de vaillans soldats de Dieu. Je ne parle pas de toi en particulier, Sarrasin, je parle en général de ton peuple et de ta religion; il me paraît pourtant fort étrange, non que vous descendiez de l'esprit malin, mais que vous vous en fassiez gloire.

— Et de qui les plus braves se feraient-ils gloire de descendre, si ce n'était de celui qui fut le plus brave? A qui les cœurs les plus fiers feraient-ils mieux remonter leur origine qu'à cet esprit de ténèbres, qui préféra succomber sous la force plutôt que de fléchir le genou contre sa volonté? On peut haïr Eblis, étranger, mais il faut qu'on le craigne; et les descendans d'Eblis dans le Kourdistan sont semblables à leur père.

Les contes de magie et de nécromancie étaient la science de ce temps; et sir Kenneth entendit, sans incrédulité et sans beaucoup de surprise, son compagnon avouer qu'il descendait du démon; mais ce ne fut pas sans frémir secrètement de se trouver dans cet endroit redoutable avec un homme qui se déclarait issu d'un tel lignage. Cependant, naturellement inaccessible à la crainte, il fit le signe de la croix, et demanda hardiment au musulman de lui expliquer la généalogie dont il se vantait. L'émir y consentit sur-le-champ.

— Apprends, brave étranger, lui dit-il, que lorsque le cruel Zohauk, l'un des descendans de Giamschid, occupait le trône de Perse, il forma une ligue avec les puissances des ténèbres sous les voûtes secrètes d'Istakhar, voûtes que les mains des esprits élémentaires avaient creusées dans le roc vif, long-temps avant qu'Adam lui-même eût reçu le jour. Là, il nourrissait par des oblations journalières de sang humain deux serpens dévorans qui, suivant les poëtes, étaient devenus parties de lui-même. Pour fournir à leur subsistance, il levait chaque jour une taxe de sacrifices humains; mais enfin la patience épuisée de ses sujets fit que quelques-uns d'entre eux tirèrent le cimeterre de la résistance, tels que le vaillant forgeron et le victorieux Féridoun, par qui le tyran fut enfin détrôné, et emprisonné pour toujours dans les affreuses cavernes de la montagne de Damavend.

— Mais, avant que la Perse fût ainsi délivrée, et tandis que le pouvoir de ce monstre sanguinaire subsistait encore dans toute sa plénitude; les satellites féroces qu'il chargeait de lui chercher des victimes pour ses sacrifices journaliers amenèrent, sous les voûtes du palais d'Istakhar, sept sœurs si belles qu'on les aurait prises pour sept houris. Elles étaient filles d'un sage, qui n'avait d'autres trésors que sa sagesse et ces belles créatures. Sa sagesse n'avait pas été suffisante pour prévoir cette calamité, et la beauté de ces aimables filles ne put la détourner. L'aînée n'était encore que dans sa vingtième année, et la plus jeune venait à peine d'atteindre sa treizième. Elles se ressemblaient tellement qu'on ne pouvait les distinguer l'une de l'autre que par la différence de leur taille, qui s'élevait par une gradation insensible, comme le sentier qui conduit au paradis. Elles étaient si belles, quand elles se trouvèrent sous ces sombres voûtes, sans autres vêtemens qu'une simarre de soie blanche, que leurs attraits séduisirent des cœurs qui n'étaient pas mortels. Le tonnerre gronda, la terre trembla, et la muraille de la voûte se fendit pour livrer passage à un être vêtu en chasseur, ayant un arc et des flèches, et suivi de six de ses frères. Ils étaient de grande taille, et, quoique leur teint fût très-brun, il n'avait rien de désagréable; mais leurs yeux avaient plutôt l'éclat terne de ceux des morts que la vive lumière qui brille sous les paupières des vivans.

— Zeineb, dit le chef de cette troupe d'un ton bas, doux et mélancolique, en s'adressant à la sœur aînée et en lui prenant la main, je suis Cothrob, roi du monde souterrain, et chef suprême du Ginnistan. Moi et mes frères, nous sommes du nombre de ces êtres qui, créés du feu élémentaire, dédaignèrent, malgré l'ordre de la Toute-Puissance, de rendre hommage à une motte de terre qui avait reçu le nom d'homme. Vous pouvez avoir entendu parler de nous comme d'êtres cruels, persécuteurs, sans pitié : c'est une calomnie. Nous sommes naturellement bons et généreux. Nous ne nous livrons à la vengeance que lorsque nous sommes insultés; nous ne sommes cruels que contre ceux qui nous offensent. Nous sommes fidèles à ceux qui mettent leur confiance en nous, et nous avons entendu les invocations de Mithrasp, de votre père, mortel assez sage pour honorer non-seulement celui qui est l'origine du bien, mais encore ceux qu'on appelle la source du mal. Vous et vos sœurs, vous êtes à la veille de la mort, mais que chacune de vous nous donne un cheveu de ces belles tresses, en gage de fidélité, et nous vous emmènerons bien loin d'ici en un lieu de sûreté, où vous pourrez braver Zohauk et ses ministres.

— La crainte de la mort, dit le poète, est comme la verge du prophète Aaron, qui dévora toutes les autres verges quand elles eurent été transformées en serpens devant le roi Pharaon; et les filles du sage persan étaient moins disposées que d'autres à êtres effrayées d'un esprit. Elles payèrent le tribut que Cothrob leur demandait, et en un instant elles se trouvèrent transportées dans un château enchanté sur les montagnes de Tugrut, dans le Kourdistan, où jamais les yeux d'un mortel ne les revirent. Mais avec le temps, sept jeunes gens, distingués par leurs exploits dans la guerre et à la chasse, parurent dans les environs du château des démons. Ils étaient plus bruns, plus grands, plus fiers et plus résolus qu'aucun des habitans des vallées du Kourdistan. Ils se marièrent, et devinrent pères des sept tribus kourdes dont la valeur est connue dans tout l'univers.

Le chevalier chrétien entendit avec surprise ce conte étrange, dont on trouve encore des vestiges dans le Kourdistan, et, après un moment de réflexion, il répondit : — En vérité, sire Sarrasin, vous avez raison; on peut craindre et haïr vos ancêtres, mais on ne doit pas les mépriser. Je ne suis plus étonné de votre obstination dans une foi fausse, car c'est sans doute une des position diabolique que vous ont transmise vos aïeux, ces chasseurs infernaux dont vous venez de parler, qui vous fait préférer le mensonge à la vérité; et je ne suis pas plus surpris que votre esprit s'exalte et vous inspire des vers et des chants, quand vous approchez des lieux hantés par les mauvais esprits, puisqu'ils doivent exciter en vous ce sentiment de joie qu'éprouvent tous les hommes quand ils approchent du pays de leurs ancêtres.

— Par la barbe de mon père! je crois que tu as raison, dit le Sarrasin, plus diverti qu'offensé de la liberté avec laquelle le chrétien venait de faire ces observations; car, quoique le Prophète, que son nom soit béni! ait semé parmi nous les germes d'une meilleure foi que celle qu'on apprit à nos ancêtres dans les murs enchantés de Tugrut, cependant nous ne sommes pas disposés, comme les autres musulmans, à passer condamnation à la hâte contre les puissans esprits élémentaires de qui nous tirons notre origine. Ces génies, comme nous le croyons, et comme nous l'espérons, ne sont pas frappés d'une réprobation absolue; ils sont encore dans un temps d'épreuves, et ils peuvent être ensuite punis ou récompensés. Au surplus, laissons cela aux mollahs et aux imans. Il me suffit de vous dire que notre respect pour ces esprits n'est pas entièrement effacé par ce que nous avons appris dans le Coran; et qu'on chante encore dans nos montagnes, en mémoire de la foi plus ancienne de nos pères, des vers tels que ceux-ci:

A ces mots, il se mit à chanter des stances dont les expressions et les tournures semblaient fort antiques, et qui paraissent avoir été composées par quelque adorateur d'Arimane, c'est-à-dire du mauvais principe.

ARIMANE.

Toi que l'Irak regarde encore
Comme l'auteur de tous les maux,
Sombre Arimane, que j'adore,
Le plus grand des dieux infernaux,
Je porte en vain les yeux du couchant à l'aurore.
   Non, l'univers ne m'offre rien
Possédant un pouvoir qui soit égal au tien.

Au milieu du désert aride,
Du bien l'arbitre souverain
Peut faire naître une eau limpide
Pour rafraîchir le pèlerin.
Mais c'est toi qui conduis cette vague homicide
   Qui déracine le rocher,
Et brise le vaisseau du plus hardi nocher.

Sa voix du sol le plus agreste
Fait un jardin délicieux,
Sa main en tire d'un seul geste
Les parfums qui montent aux cieux :
Mais qui peut arrêter et la fièvre et la peste,
   Et tant de maux nés à la fois
Des redoutables traits sortis de ton carquois ?

Le cœur de l'homme est ton empire;
Et quand devant d'autres autels,
Avec un respect qu'on admire,
On voit se courber les mortels,
Bien souvent c'est l'effroi que ta puissance inspire
   Qui dicte leurs vœux en secret :
Arimane a sa part d'un hommage incomplet.

Ta voix est elle le tonnerre,
La tempête ton vêtement,
Comme les mages qu'on révère
L'ont proclamé dans l'Orient?

Ton cœur se nourrit-il de haine et de colère?
As-tu des serres pour saisir
La proie à qui ton vol ne permet point de fuir?

A la source de la nature
Vas tu puiser tout ton pouvoir?
Peux-tu changer en onde impure
L'eau qui brillait comme un miroir?
Est-ce ta main fatale, hélas! qui nous mesure
Les maux qu'on voudrait éviter,
Et qui sur nos efforts finit par l'emporter?

Qu'importe! Tu règnes en maître
Sur l'autel, sur l'adorateur;
Et c'est toi, oui toi, qui fais naître
Toutes les passions du cœur.
C'est toi dont la puissance aux mortels fait connaître
Haine, amour, crainte, ambition,
Volcans dont ton pouvoir cause l'éruption.

Quand sur notre vallon de larmes
On voit briller un jour serein,
Qui semble en bannir les alarmes,
Qu'on tremble... Ton règne est voisin.
Car c'est lorsque la vie offre le plus de charmes
Que ce qui nous plaisait d'abord
Se change sous tes mains en instrument de mort.

Dès l'instant de notre naissance
Tu gouvernes notre destin,
Et la mort est une souffrance
Que nous ne devons qu'à ta main.
Mais, redoutable esprit, dis moi si ta puissance
(Car quel autre me répondra?)
Doit nous suivre en la tombe, et durer par-delà (1).

(1) Le digne et savant ecclésiastique qui a traduit cette espèce d'hymne, craignant qu'on ne l'accuse mal à propos, désire que nous avertissions nos lecteurs qu'ils doivent se rappeler qu'elle a été composée par un païen. Les véritables causes du mal moral et physique étaient inconnues à l'auteur, qui voyait leur influence

Ces strophes ont peut-être été la production spontanée de quelque philosophe à demi éclairé, qui ne voyait dans cette divinité fabuleuse, Arimane, que l'influence du mal moral et physique ; mais elles produisirent un effet tout différent sur les oreilles du chevalier du Léopard, et, chantées par un homme qui venait de se vanter de descendre en ligne directe des démons, elles lui parurent une invocation solennelle au malin esprit. En entendant de pareils blasphèmes dans le désert même où Satan avait été vaincu lorsqu'il avait osé demander au Fils de l'homme de lui rendre hommage, sir Kenneth se demanda s'il montrerait suffisamment l'horreur qu'ils lui inspiraient, en prenant brusquement congé du Sarrasin, ou si le vœu qu'il avait fait, comme croisé, ne l'obligeait pas plutôt à défier l'infidèle sur le lieu même, à le combattre, et à laisser son corps pour la pâture des bêtes féroces. Mais, avant qu'il eût pris un parti, son attention fut attirée par une apparition inattendue.

Le jour commençait à baisser ; mais la clarté était encore suffisante pour que le chevalier pût remarquer qu'il n'était plus seul avec son compagnon dans le désert, car un être d'une grande taille et d'une maigreur

---

sur le système de l'univers, comme tous ceux qui n'ont pas eu le bonheur d'être éclairés par la révélation chrétienne. Nous prenons la liberté d'ajouter que le style du traducteur sent la paraphrase plus que ne l'approuveront ceux qui connaissent l'original. Le traducteur semble avoir désespéré de faire passer dans une langue européenne les hardiesses de la poésie orientale ; et peut être même, comme beaucoup d'autres savans ingénieux, trouvant impossible de découvrir le sens de certains passages, y a-t-il quelquefois substitué, sans rien dire, ses propres idées.

(*Note de l'éditeur écossais.*)

excessive semblait les surveiller de près. Il gravissait les rochers, et traversait les buissons avec tant d'agilité que cette circonstance, jointe aux vêtemens bizarres et à l'air sauvage de cet individu, lui rappela les Faunes et les Sylvains dont il avait vu les statues dans les anciens temples de Rome. Comme l'Écossais, dans la simplicité de son cœur, n'avait jamais douté que les dieux des anciens gentils ne fussent de véritables démons, il n'hésita pas à croire en ce moment que l'hymne blasphématoire du Sarrasin n'eût évoqué un esprit infernal.

— Mais qu'importe! se dit à lui-même le brave sir Kenneth : périssent le démon et ses adorateurs!

Cependant, ayant deux ennemis en tête, il ne crut pas devoir les avertir de se mettre en défense, comme il l'aurait fait sans contredit s'il n'avait eu affaire qu'à un seul antagoniste. Il porta la main sur sa masse d'armes, et peut-être le Sarrasin, pris hors de garde, aurait été payé de ses vers persans par un coup qui lui aurait fracassé le crâne sans qu'on lui en donnât aucune raison, si une circonstance imprévue n'eût épargné au chevalier écossais le malheur de commettre un acte qui aurait été une tache pour son écusson. L'espèce de spectre sur lequel ses yeux étaient fixés depuis quelque temps avait d'abord paru épier les deux cavaliers, en se cachant derrière des pointes de rocher et de broussailles, profitant avec beaucoup d'adresse de tous les avantages du terrain, et en surmontant les irrégularités avec une agilité surprenante. Enfin, cet individu, qui était un homme d'une taille presque gigantesque, couvert de peaux de chèvre, s'élança au milieu du sentier, saisit des deux mains les rênes de la bride du Sarrasin, lorsqu'il avait à peine cessé de chanter, et, se plaçant ainsi devant le noble coursier, le repoussa fortement en arrière. Le généreux cheval barbe, ne pouvant résister à la manière dont cet assaillant pressait subitement sur lui la gourmette et le mors, qui, suivant la coutume de l'Orient, était un anneau de fer, se dressa sur les pieds de derrière, et tomba à la renverse sur son maître, qui cependant évita le danger de cette chute en se jetant légèrement de côté.

Son ennemi, lâchant alors les rênes, se jeta sur le Sarrasin renversé, le saisit à la gorge, et, en dépit de la jeunesse et de l'activité de celui-ci, parvint à le maintenir sous lui, en entrelaçant de ses longs bras ceux de son prisonnier.

— Hamako! s'écria l'émir, moitié riant, moitié en colère, Hamako! Fou! lâche-moi! ceci passe tes privilèges. Lâche-moi, te dis-je, ou je te ferai sentir mon poignard.

— Ton poignard, chien d'infidèle, répondit la figure vêtue de peaux de chèvre, prends-le, si tu en es capable. Et, lui arrachant cette arme des mains, il la fit brandir sur sa tête.

— Au secours, Nazaréen! s'écria Sheerkohf, alors sérieusement effrayé; au secours! ou Hamako va me tuer.

— Te tuer! répliqua l'habitant du désert; tu as bien mérité la mort pour avoir chanté des hymnes blasphématoires, non-seulement à la louange de ton faux prophète, qui est le précurseur du démon, mais encore à celle de l'auteur du mal lui-même.

Le chevalier chrétien était resté jusqu'alors comme stupéfait, tant cette rencontre avait étrangement contredit, dans son commencement et ses suites, tout ce qu'il avait d'abord conjecturé. Il sentit pourtant enfin que son honneur exigeait qu'il intervînt en faveur de son compagnon renversé, il s'adressa au vainqueur vêtu de peaux de chèvre:

— Qui que tu sois, lui dit-il, et que tes intentions soient bonnes ou mauvaises, apprends que j'ai fait serment d'être, quant à présent, le compagnon fidèle du Sarrasin que tu tiens sous toi. Je t'invite donc à lui permettre de se relever, sans quoi je serai obligé de prendre son parti.

— Ce serait une jolie querelle à embrasser pour un croisé! répondit cet être singulier. Pour l'amour d'un chien qui n'a pas reçu le baptême, combattre un homme de ta propre croyance! Es-tu venu dans le Désert afin de porter les armes pour le croissant contre la croix? Tu es un excellent soldat de Dieu, toi qui écoutes ceux qui chantent les louanges de Satan.

Cependant, tout en parlant ainsi, il se leva; et, permettant au Sarrasin de se relever aussi, il lui rendit son cangiar.

— Tu vois dans quel péril ta présomption t'a conduit, continua-t-il en s'adressant à Sheerkohf, et par quels faibles moyens le ciel peut déjouer, quand telle est sa volonté, ta force, ton adresse, et ton agilité si vantées. Prends donc garde à toi, Ilderim; car si l'astre de ta nativité ne jetait une étincelle qui promet quelque chose d'heureux et de favorable, quand ce sera le bon plaisir du ciel, je ne t'aurais quitté qu'après avoir arraché cette langue qui vient de proférer des blasphèmes.

— Hamako, dit le Sarrasin sans avoir l'air de conserver aucun ressentiment du langage injurieux qu'il venait d'entendre, et du traitement plus violent encore qu'il avait éprouvé, je te prie, bon Hamako, de prendre garde de ne pas porter dorénavant si loin tes priviléges. Car quoique, comme bon musulman, je respecte ceux que le ciel a privés de la raison pour les douer de l'esprit de prophétie, cependant je ne me soucie pas que qui que ce soit porte la main sur la bride de mon cheval, et encore moins sur ma personne. Parle tant que tu le voudras, et je ne t'en saurai jamais mauvais gré; mais tâche d'avoir assez de bon sens pour comprendre que, si tu te portes encore à quelque acte de violence contre moi, je tordrai ta tête velue sur tes maigres épaules. Quant à toi, l'ami Kenneth, ajouta-t-il en remontant à cheval, je te dirai que j'aime à avoir pour compagnon dans le désert celui qui me prouve son amitié par des actions plutôt que par de belles paroles. Tu ne m'as pas laissé manquer de ces dernières; mais il aurait été mieux de m'aider plus promptement dans ma lutte avec ce Hamako, qui, dans son accès de frénésie, était sur le point de m'arracher la vie.

— Par ma foi, répondit le chevalier, je suis en faute, j'en conviens; j'ai été un peu lent à te donner du secours; mais, en voyant la figure étrange de l'assaillant et cette scène inattendue, j'aurais pu croire que tes chants impies avaient suscité le démon au milieu de nous. Telle était ma confusion, qu'il s'est passé deux ou trois minutes avant que je pusse porter la main sur mes armes.

— Tu n'es qu'un ami froid et trop prudent, répliqua l'émir, et si le Hamako avait eu un grain de plus de folie, ton compagnon aurait été tué à tes côtés, à ton déshonneur éternel, sans que tu eusses remué un doigt pour l'aider, quoique tu fusses armé et monté sur un bon coursier.

— Sur ma parole, Sarrasin, si tu veux que je te parle franchement, j'ai pensé que cette étrange figure était le diable; et, comme tu es de sa lignée, je ne savais pas quels secrets de famille vous pouviez avoir à vous communiquer, tandis que vous étiez à vous rouler tous deux sur le sable.

— C'est *gaber*, frère Kenneth; mais ce n'est pas me répondre. Apprends que, quand mon ennemi eût été véritablement le prince des ténèbres, tu n'en aurais pas moins été tenu de le combattre pour secourir ton compagnon; sache aussi que ce qui peut exister d'impur et de diabolique dans ce Hamako appartient à ta lignée plus qu'à la mienne; car il est en réalité l'anachorète que tu viens voir.

— Comment! s'écria le chevalier en regardant ce personnage à taille d'athlète, mais maigre et décharné, un pareil être! Tu te moques, Sarrasin; ce ne peut être là le vénérable Théodoric!

— Interroge-le lui-même, si tu ne veux pas me croire, répondit l'émir. Et à peine avait-il prononcé ces paroles, que l'ermite se rendit témoignage à lui-même.

— Je suis Théodoric d'Engaddi, s'écria-t-il, celui qui marche dans le Désert, l'ami de la croix, le fléau des infidèles, des hérétiques, et des adorateurs du diable. Loin de moi! loin de moi! A bas Mahomet, Termagant, et tous leurs adhérens!

A ces mots il tira de dessous ses vêtemens velus une sorte de fléau ou plutôt de massue en deux pièces jointes ensemble, et garnie en fer, qu'il fit voltiger autour de sa tête avec une dextérité singulière.

— Voilà ton saint, dit le Sarrasin, riant pour la première fois, en voyant l'air d'étonnement complet avec lequel sir Kenneth regardait les gestes étranges de Théodoric, et écoutait les paroles qu'il murmurait indistinctement. Enfin, après avoir brandi son fléau de tous côtés, sans paraître s'inquiéter s'il rencontrerait la tête d'un de ses deux compagnons, il finit par donner la preuve de sa force et de la bonté de son arme, en en déchargeant un coup sur une grosse pierre qui se brisa en fragmens.

— C'est un fou, dit le chevalier.

— Ce n'en est pas moins un saint, répliqua l'émir, parlant d'après la croyance bien connue des Orientaux, qui s'imaginent que les êtres privés de raison éprouvent l'influence des inspirations immédiates du ciel. Apprends, chrétien ajouta-t-il, que, lorsqu'un œil est éteint, l'autre en devient plus clairvoyant; quand une main est coupée, l'autre en devient plus forte; et quand notre raison est troublée en ce qui concerne les choses de ce monde, notre vue devient plus perçante et plus parfaite pour les choses du ciel.

Ici la voix du Sarrasin fut étouffée par celle de l'ermite, qui se mit à crier à haute voix d'un ton sauvage et presque en chantant : — Je suis Théodoric d'Engaddi, le brandon du Désert, le fléau des infidèles; le lion et le léopard seront mes compagnons, et chercheront une retraite dans ma chaumière, et le chevreau ne craindra pas leurs griffes. Je suis la torche et la lanterne. *Kyrie eleison!*

Il termina ses cris en courant pendant quelques instants, et finit sa course par trois bonds qui lui auraient fait beaucoup d'honneur dans une école de gymnastique, mais qui étaient si peu d'accord avec son caractère d'ermite, que le chevalier écossais était confondu et ne savait qu'en penser.

Le Sarrasin parut le comprendre mieux.

— Vous voyez, dit-il à son compagnon, qu'il s'attend à nous voir le suivre dans sa cellule ; et dans le fait, c'est le seul asile que nous puissions trouver pour la nuit. Vous êtes le léopard, puisque vous le portez sur vos armes ; je suis le lion, puisqu'on m'en a donné le nom ; et en parlant du chevreau, c'est à lui-même qu'il fait allusion, attendu qu'il en porte les dépouilles. Mais il ne faut pas le perdre de vue ; il est aussi léger qu'un dromadaire.

Dans le fait leur tâche était difficile ; car, quoique leur révérend guide s'arrêtât de temps en temps, et agitât une main en l'air comme pour les encourager à le suivre, cependant, connaissant parfaitement les vallées et les défilés des montagnes du désert, et doué d'une agilité extraordinaire, à laquelle un esprit peut-être dérangé donnait constamment de l'exercice, il les conduisait à travers des fentes de rochers et par des sentiers où le Sarrasin, légèrement armé et monté sur un cheval barbe parfaitement dressé, ne pouvait passer sans de grands risques, et où le chevalier écossais, couvert d'une armure, et conduisant un coursier non moins pesamment caparaçonné, se trouvait à chaque instant dans un si grand danger, qu'il aurait préféré être aux mains avec l'ennemi sur un champ de bataille. Il se trouva donc soulagé quand enfin, après une marche pénible, il vit le saint homme, qui avait toujours marché en avant, debout à l'entrée d'une caverne, tenant en main une grande torche formée d'un morceau de bois trempé dans du bitume, et qui jetait une lumière rouge et tremblante, accompagnée d'une odeur sulfureuse.

Sans se laisser arrêter par cette vapeur étouffante, le chevalier se jeta à bas de son cheval, et entra dans la caverne, habitation qu'on ne paraissait pas avoir songé à rendre commode. La cellule était divisée en deux parties. Dans la première on voyait un autel de pierre, surmonté d'un crucifix fait avec des roseaux. C'était la chapelle de l'anachorète. La vue de ces objets sacrés inspirant un respect religieux au chevalier chrétien, ce ne fut pas sans quelque scrupule qu'il fit entrer son cheval dans cette première division, et qu'il fit toutes les dispositions nécessaires pour qu'il y passât la nuit; mais il imita le Sarrasin, qui lui fit entendre que tel était l'usage généralement observé. Au fond de ce premier appartement, une étroite ouverture, fermée par une planche qui servait de porte, conduisait à la chambre à coucher plus commode de l'ermite. A force de travail, il en avait nivelé le sol, couvert de sable blanc; il l'arrosait tous les jours avec l'eau d'une petite source qui jaillissait du rocher dans un coin, et qui, dans ce climat brûlant, était également agréable aux yeux, à l'oreille et au palais desséché. Des espèces de matelas, ou plutôt des nattes de glaïeul, étaient étendus par terre; les parois de la cellule avaient été travaillées comme le plancher, pour leur donner une forme à peu près régulière, et tout autour étaient suspendues des herbes et des fleurs odoriférantes. Deux cierges que l'ermite alluma répandirent une clarté qui rendrait encore plus agréables l'odeur et la fraîcheur qu'on y respirait.

Dans un coin de cet appartement, on voyait quelques instrumens de travail; dans un autre, une niche conte-

6.

nait une statue de la Vierge, grossièrement sculptée. Une table et deux chaises prouvaient évidemment qu'elles étaient l'ouvrage des mains de l'ermite, car elles étaient d'une forme inusitée dans l'Orient. La table était couverte non-seulement de roseaux et de racines, mais de viandes sèches que Théodoric arrangea avec soin, de manière à exciter l'appétit de ses hôtes. Cette apparence de courtoisie, quoique muette, et exprimée seulement par gestes, parut à sir Kenneth presque impossible à concilier avec la conduite aussi violente qu'étrange qu'avait montrée l'ermite quelques momens auparavant. Tous ses pas étaient mesurés, et il semblait que ce n'était qu'un sentiment d'humilité religieuse qui empêchait ses traits, amaigris par une vie austère, de paraître nobles et majestueux. Il marchait dans sa cellule comme un homme né pour gouverner ses semblables, mais qui avait abdiqué son empire pour devenir le serviteur du ciel. Il faut pourtant convenir que sa taille gigantesque, la longueur de sa barbe, celle de ses cheveux en désordre, et le feu qui brillait dans ses yeux creux et égarés, lui donnaient l'air d'un soldat plutôt que d'un reclus.

Le Sarrasin lui-même semblait regarder l'anachorète avec quelque vénération pendant qu'il s'occupait de ces soins, et il dit à voix basse à sir Kenneth : — Le Hamako est maintenant dans un de ses momens de calme ; mais il ne parlera pas que nous n'ayons mangé ; c'est un vœu qu'il a fait.

Ce fut donc en silence que Théodoric fit signe à l'Écossais de prendre place sur une des deux chaises basses, tandis que Sheerkohf s'accroupit sur des nattes, suivant la coutume de sa nation. L'ermite alors leva les deux mains comme pour bénir la nourriture qu'il offrait à ses hôtes, et ceux-ci se mirent à satisfaire leur appétit en gardant comme lui un silence profond. Cette gravité était naturelle au Sarrasin, et le chrétien imita d'autant plus facilement sa taciturnité, qu'il était occupé à réfléchir sur la singularité de sa situation, et sur le contraste qu'il remarquait entre les cris furieux, les gestes étranges, et les actions extravagantes de Théodoric à l'instant de sa rencontre avec lui, et l'air décent et solennel avec lequel il s'acquittait en ce moment des devoirs de l'hospitalité.

Quand leur repas fut terminé, l'ermite, qui n'avait pas mangé un seul morceau, desservit ce qui en restait, et mit devant le Sarrasin un vase de sorbet, et devant l'Écossais un flacon de vin.

— Buvez, mes enfans, leur dit-il; et c'étaient les premiers mots qu'il prononçait depuis qu'ils étaient entrés dans sa cellule. Il est permis de jouir des dons de Dieu, pourvu qu'on se rappelle celui qui les accorde.

Après avoir ainsi parlé, il se retira dans la cellule d'entrée, probablement pour s'y livrer à ses exercices de dévotion, et laissa ses hôtes en possession de l'appartement intérieur. Kenneth alors adressa diverses questions à Sheerkohf pour en tirer tout ce qu'il pourrait savoir de ce singulier ermite, et ce n'était pas uniquement pour satisfaire sa curiosité. Il était impossible de concilier la conduite extravagante de l'anachorète lorsqu'il s'était montré à leurs yeux, avec les manières humbles et tranquilles qu'il avait prises dans sa cellule; mais il lui semblait qu'il l'était encore davantage de la faire accorder avec la haute considération qu'avaient pour lui, comme sir Kenneth l'avait appris, les prélats les plus éclairés du monde chrétien. Théodoric, l'ermite d'Engaddi, avait, en cette qualité, correspondu avec des papes et des conciles auxquels ses lettres avaient peint les maux que les infidèles faisaient souffrir aux chrétiens latins dans la Terre-Sainte avec une éloquence et des images dignes des prédications de Pierre l'Ermite au concile de Clermont. En trouvant dans un personnage si vénérable, objet de tant d'égards, les gestes frénétiques d'un fakir insensé, le chevalier chrétien avait le soin de réfléchir avant de lui communiquer les affaires importantes dont il avait été chargé par quelques-uns des chefs des croisés.

Ces communications étaient le principal objet d'un pèlerinage entrepris par une route si peu ordinaire. Mais tout ce qu'il avait vu dans cette soirée le faisait hésiter à s'acquitter de sa mission. Il ne put obtenir de l'émir que peu de renseignemens, qui se réduisaient à peu près à ce qui suit:

— L'ermite, à ce qu'il avait entendu dire, avait été autrefois un brave et vaillant soldat, sage dans les conseils et heureux les armes à la main, ce qu'il pouvait aisément croire d'après la force et l'activité peu communes qu'il l'avait vu déployer en plusieurs occasions. Il était arrivé à Jérusalem non en pèlerin, mais en homme qui s'était dévoué à passer le reste de sa vie dans la Terre-Sainte. Peu de temps après il avait fixé sa demeure au milieu des scènes de désolation où ils venaient de le trouver, respecté des Latins pour son austère dévotion, et par les Turcs à cause des symptômes de folie qu'ils remarquaient en lui et qu'ils attribuaient à l'inspiration. C'était pour cela qu'ils lui avaient donné le nom de Hamako, qui exprime cette idée dans leur langue. Quant à Sheerkohf, il semblait savoir à peine ce qu'il devait penser de leur hôte. Le Hamako, dit-il, avait été un homme sage ; il pouvait passer des heures entières à donner des leçons de vertu et de sagesse sans la plus légère apparence d'incohérence dans ses idées. D'autres fois il commettait des traits d'extravagance et de violence ; mais jamais il ne lui avait vu des dispositions aussi malfaisantes que celles qu'il venait de montrer. La moindre insulte faite à sa religion lui causait un accès de rage, et il courait une histoire de quelques Arabes errans qui avaient outragé son culte et porté la main contre son autel, et qu'il avait attaqués et tués pour cette raison avec le fléau qu'il portait toujours, et qui lui tenait lieu de toute autre arme. Cet événement avait fait beaucoup de bruit, et c'était autant la crainte qu'inspirait le fléau de fer de l'ermite que son caractère comme hamako qui faisait respecter sa demeure et sa chapelle par ces tribus errantes. Sa réputation s'était répandue si loin, que Saladin avait donné des ordres particuliers pour qu'on l'épargnât et qu'on le protégeât. Ce prince lui-même, et plusieurs autres musulmans de haut rang, avaient plus d'une fois visité sa cellule, soit par curiosité, soit parce qu'ils espéraient qu'un homme aussi savant que le Hamako chrétien pouvait leur dévoiler quelque chose des secrets de l'avenir. Il avait, continua le Sarrasin, un rashid ou un observatoire dans un lieu très-élevé, d'où il observait les corps célestes, et particulièrement les planètes dont les chrétiens et les mahométans croyaient que les mouvemens et les influences dirigeaient le cours des événemens humains, et pouvaient servir à les prédire.

Tels furent en substance les renseignemens que sir Kenneth obtint de Sheerkohf, et ils le laissèrent dans le doute si la folie qu'on attribuait à l'ermite était occasionée par la ferveur excessive de son zèle, ou si c'était un voile dont il se couvrait pour profiter des privilèges que son état lui obtenait. Cependant, en réfléchissant sur le fanatisme des sectateurs de Mahomet, au milieu desquels il vivait, quoique ennemi déclaré de leur foi, il lui parut qu'ils portaient bien loin la tolérance à son égard. Il lui sembla aussi qu'il existait entre l'ermite et le Sarrasin une connaissance plus intime que ce que celui-ci lui avait dit n'aurait dû le lui faire supposer, et il ne lui échappa point que Théodoric avait donné à l'émir un nom différent de celui qu'il avait pris. Toutes ces réflexions autorisaient sinon le soupçon, du moins la circonspection. Kenneth résolut donc d'observer son hôte de très-près, et de ne pas trop se hâter de lui faire part de l'importante mission qu'il avait reçue.

— Sarrasin, dit-il, il me semble que l'imagination de notre hôte s'égare sur les noms comme sur les autres sujets. Tu te nommes Sheerkohf, et je l'ai entendu t'appeler autrement.

— Quand j'étais sous la tente de mon père, répondit le Kourde, je portais le nom d'Ildérim, et bien des gens m'appellent encore ainsi. A l'armée, les soldats me donnent celui de Lion de la montagne, surnom que mon bon cimeterre m'a valu. Mais silence! voici le Hamako; je connais sa coutume; il vient nous inviter au repos. Il ne veut pas que personne l'interrompe dans ses veilles.

L'anachorète entrait effectivement en ce moment. Il croisa les bras sur sa poitrine, et, se tenant debout, dit d'un ton solennel : — Béni soit le nom de celui qui a voulu qu'une nuit tranquille suivît un jour de trouble, que le calme du repos soulageât les membres fatigués, et bannît les soucis de l'esprit.

— Ainsi soit-il ! répondirent les deux guerriers, et, se levant aussitôt, ils se disposèrent à se jeter sur les matelas que leur hôte leur montra d'un geste de la main ; après quoi, les saluant tous deux, il sortit de nouveau de l'appartement.

Le chevalier du Léopard se débarrassa alors de ses lourdes armes. Le Sarrasin l'aida pour desserrer les agrafes de la cuirasse, et détacher les autres parties de son armure ; il ne conserva que le vêtement de peau de chamois que les chevaliers et les hommes d'armes avaient coutume de porter sous leur harnois. Si Sheerkohf avait admiré la vigueur de son adversaire quand il l'avait combattu tout couvert d'acier, il ne fut pas moins frappé des formes bien proportionnées de son corps nerveux. De son côté, le chevalier, comme par échange de politesse, aida le Sarrasin à quitter ses vêtemens de dessus, pour qu'il pût dormir plus commodément, et il eut peine à concevoir qu'une taille si grêle et des membres si maigres pussent être doués de la force dont il avait fait preuve pendant le combat.

Chacun des deux guerriers fit sa prière avant de se livrer au repos. Le musulman se tourna vers son *kebla*, point vers lequel doivent s'adresser les prières de tout sectateur du Prophète, et murmura ses oraisons païennes, tandis que le chrétien, semblant craindre la souillure du voisinage de l'infidèle, se retira dans un autre coin, plaça sur la pointe son épée, dont la poignée était en croix, et, s'agenouillant devant ce signe du salut, il dit son rosaire avec une dévotion qu'augmentait encore le souvenir des lieux déserts et arides qu'il avait parcourus, et des dangers dont il avait été préservé dans le cours de cette journée. Épuisés par la fatigue de leur voyage et leur combat, les deux guerriers ne tardèrent pas à s'endormir, chacun sur son matelas.

CHAPITRE IV.

« Dans un desert aride, aux mortels inconnu,
» Depuis ses jeunes ans vivait un saint ermite :
» Dans le creux d'un rocher trouvant un humble gîte,
» Il y passait la nuit sur la mousse étendu,
» Se nourrissait de fruits, et n'avait pour breuvage
» Qu'un cristal qu'il puisait dans un ruisseau voisin,
» Dont la faveur du ciel ornait son ermitage.
» Renonçant pour jamais à tout commerce humain,
» Il vivait avec Dieu, faisant de la prière
» Son plaisir, son devoir et son unique affaire. »

PARNELL. *L'Ermite.*

Le chevalier écossais ne savait pas depuis combien de temps ses sens étaient ensevelis dans un profond repos, quand il fut réveillé en sursaut par la sensation d'un poids accablant sur son cœur qui lui donna d'abord l'idée qu'il avait à lutter contre un formidable antagoniste. Enfin, reprenant complètement l'usage de ses sens, il allait demander qui était là, quand, ouvrant les yeux, il vit l'étrange anachorète que nous avons déjà décrit, penché sur son matelas, une main appuyée sur sa poitrine, et tenant de l'autre une petite lampe d'argent.

— Silence! dit l'ermite, tandis que le chevalier couché le regardait avec surprise. J'ai à vous dire des choses que cet infidèle ne doit pas entendre.

Il prononça ces mots en français, et non en langue franque, dont il s'était servi jusqu'alors, et qui était un composé des dialectes orientaux et européens.

— Lève-toi, continua-t-il, mets ton manteau; ne parle pas; marche sans bruit, et suis-moi.

Sir Kenneth se leva, et prit son épée.

— Tu n'en as pas besoin, lui dit l'anachorète, toujours à voix basse; nous allons dans un lieu où les armes spirituelles ont toute puissance, mais où celles de la chair ne sont que comme le faible roseau et la courge desséchée du prophète.

Le chevalier remit son épée près du matelas, où il l'avait placée en se couchant, et sans autres armes que son poignard, qu'il ne quittait jamais dans ce pays de dangers, il se prépara à suivre son hôte mystérieux.

L'ermite se mit alors en marche à pas lents, suivi par le chevalier, qui n'était pas encore bien certain si l'être extraordinaire qui le précédait pour lui montrer le chemin n'était pas créé par l'agitation d'un rêve. Ils entrèrent comme des ombres dans la cellule extérieure, sans troubler le repos profond de l'émir. Devant la croix, et sur l'autel dont nous avons déjà parlé, on voyait une lampe allumée et un missel ouvert, et par terre était une discipline, instrument formé de fil de fer et de petites cordes, et qui, portant encore des marques de sang fraîchement répandu, prouvait sans doute les pratiques sévères de pénitence auxquelles se livrait l'ermite.

Là Théodoric s'agenouilla sur un endroit couvert de cailloux pointus qui semblaient y avoir été placés pour rendre plus pénible cette attitude de la dévotion, et il fit signe à son compagnon de l'imiter. Il récita alors plusieurs prières de l'église catholique, et chanta à voix basse, mais avec onction, trois des psaumes de la pénitence, entremêlant ce chant de soupirs, de larmes et de gémissemens convulsifs qui prouvaient quelle impression faisait sur lui la poésie divine qu'il récitait. Le chevalier écossais participa avec beaucoup de sincérité à ces actes de dévotion; et l'opinion qu'il s'était formée de son hôte commença à changer tellement, que, d'après la rigueur de sa pénitence et l'ardeur de ses prières, il commença à douter s'il ne devait pas le regarder comme un saint. Lorsqu'ils se relevèrent, il se tint debout devant lui avec le respect qu'un écolier aurait eu pour un maître vénérable : de son côté, l'ermite garda le silence quelques instans, et parut comme absorbé dans ses réflexions.

— Regarde dans ce renfoncement, mon fils, lui dit-il alors en lui montrant une petite porte d'osier fermant un creux taillé dans le roc, de l'autre côté de la cellule; tu y trouveras un voile, apporte-le-moi.

Le chevalier obéit, ouvrit la porte d'osier, trouva le voile, et, quand il l'eut exposé à la lumière, il vit qu'il était déchiré, et souillé en différens endroits par quelque substance noirâtre. L'anachorète le regarda avec une émotion profonde, qu'il faisait des efforts pour subjuguer; et, avant de pouvoir adresser la parole au chevalier, il laissa encore échapper un gémissement convulsif.

— Tu vas voir maintenant le plus riche trésor que possède la terre, dit-il enfin. Hélas! pourquoi faut-il que mes yeux soient indignes du même bonheur! Je ne suis que la vile et misérable enseigne qui apprend au voyageur fatigué où il pourra trouver repos et sûreté, et qui est condamnée à rester toujours en dehors de la porte. C'est en vain que je me suis réfugié dans les profondeurs des rochers, dans le sein d'un désert aride; mon ennemi m'y a trouvé; celui même que j'ai renié m'a poursuivi dans ma forteresse.

Il se tut un instant, et, se tournant ensuite vers sir Kenneth, il lui dit d'une voix plus assurée : — Vous m'apportez un salut de la part de Richard d'Angleterre?

— Je viens de la part du conseil des princes chrétiens, répondit le chevalier ; mais le roi d'Angleterre étant indisposé, je n'ai pas été honoré des ordres de Sa Majesté.

— La preuve de votre mission? demanda le reclus.

Sir Kenneth hésita; ses premiers soupçons et les marques de folie que l'ermite avait d'abord données dans sa conduite se présentèrent à son esprit; mais comment suspecter un homme dont les manières annonçaient tant de sainteté?

— Voici mon mot d'ordre, répondit-il : — Les rois ont emprunté à un mendiant. —

— C'est bien, dit l'ermite, et il ajouta après un court intervalle : Je vous connais parfaitement; mais la sentinelle qui est à son poste, et le mien est important, demande le mot d'ordre à l'ami comme à l'ennemi.

Il reprit la lampe, et rentra avec le chevalier dans la

cellule intérieure qu'ils venaient de quitter. Le Sarrasin, étendu sur son matelas, était encore profondément endormi. L'ermite s'arrêta près de lui, et le regarda.

— Il dort dans les ténèbres, dit-il, et il ne faut pas l'éveiller.

L'attitude de l'émir donnait véritablement l'idée d'un profond repos : un bras croisé sur son corps, tandis qu'il avait la figure à demi tournée vers la muraille, cachait sous sa large manche la plus grande partie de son visage, mais laissait son front à découvert. Ses muscles, doués d'une activité si peu commune quand il était éveillé, étaient alors aussi immobiles que s'ils eussent été figurés sur une statue de marbre, et ses longs cils étaient abaissés sur ses yeux d'aigle. Sa main ouverte, sa respiration douce et régulière, tout en lui attestait un sommeil paisible. C'était un groupe singulier, que ce Sarrasin ainsi endormi, cet ermite à la taille gigantesque, vêtu de peaux de chèvre garnies de leur poil, avec une lampe à la main, et le chevalier chrétien, d'une taille presque aussi haute, revêtu de son justaucorps de chamois : l'ermite offrait une expression d'austérité ascétique, le chevalier celle d'une vive curiosité.

— Il dort profondément, dit l'ermite à voix basse; et, répétant les mêmes mots dont il s'était déjà servi dans un sens littéral, il les employa dans un sens métaphorique, en ajoutant : Il dort dans les ténèbres; mais le jour du réveil à la lumière arrivera pour lui. O Ilderim, tes pensées, quand tu veilles, sont encore aussi vaines, aussi frivoles que les vagues idées qui flottent dans ton imagination pendant ton sommeil; mais tu entendras le son de la trompette, et ton rêve se dissipera.

A ces mots, et faisant signe au chevalier de le suivre, l'ermite rentra dans la première cellule, s'avança vers l'autel, passa par-derrière, et pressa un ressort qui, s'ouvrant sans bruit, laissa voir une petite porte en fer si bien adaptée à l'un des côtés de la caverne, qu'il aurait fallu une attention plus qu'ordinaire pour la découvrir. L'ermite, avant de se hasarder à ouvrir cette porte, en frotta les gonds avec un peu d'huile de la lampe; et quand elle fut ouverte on découvrit un étroit escalier taillé dans le roc.

— Prends le voile que je tiens, dit l'ermite au chevalier d'un ton mélancolique, et couvre-m'en le visage, car je ne puis regarder sans présomption le trésor que tu vas voir.

Sir Kenneth, sans répliquer, entoura du voile la tête de l'anachorète, qui monta sur-le-champ l'escalier en homme qui connaissait trop bien le chemin pour avoir besoin de lumière, et en même temps il remit la lampe à l'Écossais, qui le suivait sur cette étroite montée. Enfin ils s'arrêtèrent sous une petite voûte à l'un des coins de laquelle se terminait l'escalier, tandis qu'on en voyait à un autre un second qui semblait conduire plus haut. Dans un troisième angle était une grande porte gothique, ornée de sculptures et de colonnes, dans laquelle était taillé un guichet garni de fer et de gros clous. Ce fut vers ce point que l'ermite dirigea ses pas de plus en plus chancelans.

— Ote tes souliers, dit-il à son compagnon; le terrain sur lequel tu te trouves est sacré. Bannis du fond de ton cœur toute pensée profane et charnelle; car ce serait un péché mortel que d'en entretenir une seule en ce lieu.

Le chevalier se déchaussa, comme on le lui ordonnait, et pendant ce temps toutes les facultés de l'ermite semblaient absorbées dans une prière secrète. Il avança encore, et dit au chevalier de frapper trois coups à la porte. Sir Kenneth obéit; la porte s'ouvrit d'elle-même, ou du moins il ne vit personne l'ouvrir, et ses sens furent assaillis en même temps par l'éclat de la plus vive lumière et par l'odeur des plus riches parfums. Il recula de deux ou trois pas, et il se passa près d'une minute avant qu'il pût se remettre de l'effet éblouissant du passage subit des ténèbres à la lumière.

En entrant dans l'appartement d'où partait un éclat si brillant, il s'aperçut que cette clarté était produite par des lampes d'argent nourries de l'huile la plus pure et des parfums les plus exquis. Elles étaient suspendues par des chaînes de même métal à la voûte d'une petite chapelle gothique taillée dans le roc vif, comme la plus grande partie de la demeure singulière de l'ermite. Mais dans tout ce que sir Kenneth avait vu jusqu'alors le travail était simple et grossier, au lieu que dans cette chapelle tout annonçait l'ouvrage du ciseau des plus habiles architectes. La voûte était soutenue par six colonnes qui étaient, ainsi que les arches de la voûte, du meilleur style d'architecture de ce siècle. De chaque côté, et en correspondance avec le rang de colonnes, étaient six niches d'un travail exquis, dont chacune contenait la statue d'un des douze apôtres.

Au bout de la chapelle, et du côté de l'orient, était l'autel, derrière lequel un rideau de soie de Perse, magnifiquement brodé en or, couvrait une niche qui contenait sans doute quelque image ou relique d'une sainteté peu ordinaire, en l'honneur de laquelle ce lieu singulier avait sans doute été consacré au culte. Convaincu qu'il ne pouvait se tromper en faisant cette supposition, le chevalier s'avança vers l'autel, s'agenouilla, et y fit une prière avec ferveur; mais il fut interrompu dans cet exercice de dévotion, en voyant tout à coup le rideau se lever, ou pour mieux dire se tirer, sans qu'il pût dire comment ni par qui; et dans la niche, qui fut ainsi mise à découvert, il vit une grande châsse en argent et en ébène, fermée par une double porte battante, et offrant la ressemblance en miniature d'une église gothique.

Tandis qu'il regardait cette châsse avec une vive curiosité, les deux portes s'en ouvrirent aussi, laissant voir un grand morceau de bois auquel était attaché un écriteau sur lequel on lisait en grosses lettres les mots VERA CRUX, et en même temps un chœur de voix de femmes chanta le *Gloria Patri*. Dès que l'antienne fut terminée, les portes de la châsse se fermèrent, et le rideau fut tiré. Le chevalier, qui était agenouillé devant l'autel, put alors continuer, sans être troublé, ses prières en l'honneur de la sainte relique qui venait d'être exposée à ses regards, et il le fit avec le profond respect dont devait être pénétré un homme qui venait de voir de ses propres yeux une preuve imposante de la vérité de sa religion.

Il passa quelque temps en prières, et, se levant enfin, il jeta les yeux autour de lui pour chercher l'ermite qui l'avait conduit dans ce lieu sacré et mystérieux. Il le vit, les yeux encore couverts du voile, humblement prosterné sur le seuil de la porte de la chapelle, qu'il paraissait n'avoir pas osé passer. Son attitude était celle d'un homme accablé par le poids de ses sentimens intérieurs. Sir Kenneth pensa que ce n'étaient que l'humilité, la pénitence et le remords qui pouvaient avoir fait plier ainsi un esprit si fier et un corps si robuste.

Il s'approcha comme pour lui parler; mais l'anachorète parut prévoir son intention, et lui dit d'une voix creuse et étouffée, sortant de dessous le voile dont sa tête était couverte, comme du linceul qui couvre un cadavre : — Attends, attends; heureux, toi qui peux l'être. La vision n'est pas encore terminée. A ces mots il se releva, s'éloigna du seuil sur lequel il venait de se prosterner, et poussa la porte de la chapelle, qui fermait à l'intérieur par un ressort dont le bruit retentit un moment sous la voûte. Cette porte semblait alors si bien faire partie du roc dans lequel cette chapelle avait été creusée, que Kenneth put à peine reconnaître l'ouverture. Il se trouvait seul dans le saint lieu éclairé par les lampes, et contenant la relique à laquelle il venait de rendre hommage, sans autres armes que son poignard, sans autre compagnie que ses pieuses pensées et son courage indomptable.

Ne sachant ce qui allait lui arriver, mais résolu à attendre le cours des événemens, sir Kenneth se promena dans la chapelle solitaire, à peu près jusqu'à l'heure du premier chant du coq. En ce moment de silence profond, où la nuit et le matin se rencontrent, il entendit, sans pouvoir découvrir de quel côté venait ce bruit, le son d'une petite clochette, comme celle dont on se sert pour indiquer l'instant de l'élévation de l'hostie dans la célébration de la messe. L'heure et le lieu rendaient ce son imposant et solennel, et, tout intrépide qu'il était, le chevalier se retira dans le coin le plus éloigné de la chapelle, à l'extrémité opposée à l'autel, pour observer sans interruption ce qui résulterait de ce signal inattendu.

Au bout de quelques instans, le rideau de soie fut encore tiré, et la sainte relique se présenta de nouveau à ses yeux. Il s'agenouilla une seconde fois avec respect, et reconnut le chant des Laudes, premier office de l'église catholique, que chantaient encore en chœur des voix de femmes. Il ne tarda pas à s'apercevoir que ces voix s'approchaient de la chapelle, et qu'elles devenaient plus distinctes de moment en moment. Enfin, une porte, aussi difficile à deviner que celle par où il était entré, s'ouvrit près d'un des côtés de l'autel, et les voix qui formaient le chœur retentirent plus librement sous les voûtes de la chapelle.

Le chevalier fixa les yeux sur cette porte avec une attente qui lui permettait à peine de respirer, et, conservant l'attitude de dévotion qu'exigeait la sainteté du lieu, il attendit la suite de ces préparatifs. Une procession paraissait sur le point d'entrer par cette porte. Effectivement, il vit d'abord paraître quatre beaux enfans, dont les bras, le cou et les jambes nues, montraient la peau cuivrée de l'Orient, et faisaient contraste avec les tuniques blanches comme la neige dont ils étaient couverts. Ils marchaient deux à deux. Les premiers agitaient des encensoirs dont la vapeur ajoutait un nouveau parfum à ceux qu'on respirait déjà; les deux autres jonchaient le sol de fleurs.

Après eux marchaient en ordre convenable et majestueux les femmes qui composaient le chœur; six, qui, d'après leurs scapulaires noirs et leurs voiles de même couleur, paraissaient être des religieuses professes de l'ordre du Mont-Carmel, et un pareil nombre que leurs voiles blancs annonçaient comme novices ou comme habitantes momentanées du cloître, mais qui n'y étaient encore attachées par aucun vœu. Les premières tenaient en main de grands rosaires; les autres, plus jeunes et d'une taille svelte, portaient une guirlande en forme de chapelet, composée de roses rouges et blanches. Elles firent processionnellement le tour de la chapelle, sans accorder la moindre attention à Kenneth, quoiqu'elles passassent si près de lui que leurs robes le touchaient presque. Pendant qu'elles continuaient leurs chants religieux, le chevalier ne douta pas qu'il ne fût dans un de ces cloîtres où de nobles demoiselles chrétiennes s'étaient autrefois ouvertement consacrées au service de l'autel. La plupart de ces couvens avaient été supprimés lorsque les mahométans avaient reconquis la Palestine; mais quelques-uns avaient acheté par des présens la tolérance des vainqueurs, ou l'avaient obtenue, soit de leur clémence, soit de leur mépris, et continuaient à être habités par des recluses qui observaient, dans l'enceinte de leurs murs, les rites de leur institution.

Mais, quoique Kenneth connût tous ces détails, la solennité du lieu et de l'heure, la surprise que lui causa l'arrivée imprévue de ces saintes vestales, la manière dont elles passaient près de lui comme une vision, tout avait une telle influence sur son imagination, qu'il pouvait à peine se persuader que la procession qu'il voyait fût composée de créatures de ce monde, tant elles ressemblaient à un chœur d'êtres surnaturels rendant hommage à l'objet universel de l'adoration des hommes.

Telle fut la première idée du chevalier, tandis que la procession passait près de lui sans qu'aucune de celles qui la composaient fît un mouvement visible qu'autant qu'il le fallait pour continuer leur marche, de sorte que, vues à la clarté douteuse et religieuse que répandaient les lampes à travers le nuage de la fumée d'encens qui obscurcissait la chapelle, elles semblaient glisser plutôt que marcher.

Mais, lorsqu'en faisant une seconde fois le tour de la chapelle, elles passèrent près de l'endroit où il était agenouillé, une des jeunes vierges à voile blanc détacha du chapelet qu'elle portait un bouton de rose qui, lui échappant des doigts, peut-être involontairement, tomba précisément devant le chevalier. Kenneth tressaillit comme si un dard l'eût subitement frappé; car, lorsque l'esprit est vivement ému, le plus léger incident suffit pour troubler tous les sens. Mais son imagination se calma quand il réfléchit combien il était facile au hasard d'amener un événement si indifférent en lui-même, et que ce n'était que l'uniformité monotone du mouvement de la procession qui avait pu le lui faire paraître remarquable.

Cependant, tandis que la procession faisait pour la troisième fois le tour de la chapelle, les yeux et les pensées de Kenneth suivirent exclusivement celle des novices qui avait laissé tomber le bouton de rose. Elle ressemblait tellement à ses compagnes par sa démarche, sa taille et ses formes, qu'il était impossible de rien découvrir en elle qui pût l'en faire distinguer. Cependant le cœur de Kenneth tressaillait comme pour l'assurer, par ce mouvement sympathique, que la jeune personne qui était la seconde des novices du côté droit lui était plus chère, non-seulement que toutes celles qu'il voyait, mais même que tout son sexe. La passion romanesque de l'amour, telle qu'on la concevait alors, et même telle que la définissaient les règles de la chevalerie, s'accordait parfaitement avec un sentiment de dévotion non moins romanesque; et l'on aurait pu dire que ces deux penchans de l'ame, bien loin de se nuire, se servaient réciproquement.

C'était donc avec une sorte d'impatience religieuse que sir Kenneth attendait un second signe de la présence d'une femme qu'il croyait lui en avoir déjà donné un premier. Quelque peu de temps que mit la procession à faire le troisième tour de la chapelle, chaque minute parut au chevalier une éternité. Enfin, la femme qu'il suivait des yeux avec une attention si soutenue arriva de nouveau près de lui. Il n'y avait aucune différence entre sa taille voilée et celle de ses compagnes; mais, lorsqu'elle passa pour la troisième fois devant Kenneth, toujours agenouillé, une petite main, si élégamment formée qu'elle donnait la plus haute idée des proportions parfaites de la jeune vierge, sortit un instant de dessous les plis de son voile de gaze, comme un rayon de la lune qui perce à travers un nuage pendant une nuit d'été, et un bouton de rose tomba encore devant le chevalier du Léopard.

Ce second signe ne pouvait être accidentel; ce ne pouvait être le hasard qui faisait que cette jolie main, qu'il n'avait qu'entrevue, ressemblait si parfaitement à celle que ses lèvres avaient une fois touchée, et à laquelle son cœur avait fait en même temps un serment de fidélité. S'il lui avait fallu d'autres preuves, il avait vu briller un instant, sur un doigt aussi blanc que la neige, ce rubis sans égal dont la valeur inappréciable aurait pourtant eu moins de prix à ses yeux que le moindre signe que ce joli doigt aurait pu lui faire.

Et, soit hasard, soit faveur, il avait aperçu une de ces belles tresses d'un brun foncé, dont chaque cheveu lui était cent fois plus cher qu'une chaîne d'or. Oui, c'était la dame de ses pensées. Mais qu'elle se trouvât dans ce lieu désert et isolé, au milieu de vestales demeurant dans la solitude et les cavernes pour accomplir en secret ces rites du christianisme qu'elles n'osaient pratiquer ouvertement, que ce fût une réalité, c'était ce qui lui paraissait trop incroyable; était-ce une illusion, un rêve trompeur de l'imagination?

Tandis que ces idées occupaient le chevalier, la procession sortait de la chapelle. Les jeunes acolytes, les sœurs à voile noir, disparurent successivement à ses yeux. Enfin celle de qui il avait reçu ce double signe de connaissance disparut à son tour; mais, en dépassant la porte, elle fit un léger mouvement de tête, quoique très-marqué, en se tournant vers l'endroit où sir Kenneth était fixé comme une statue. Il vit encore un instant flotter son voile; tout disparut, et son ame fut plongée dans des ténèbres non moins sombres que l'obscurité physique dont il fut enveloppé presque sur-le-champ; car à peine la dernière novice avait-elle mis le pied hors de la chapelle, que la porte s'en ferma avec bruit; les voix du chœur cessèrent de se faire entendre, toutes les lampes s'éteignirent, et il resta seul dans une nuit profonde.

Mais la solitude, l'obscurité, et l'incertitude de sa situation mystérieuse, n'étaient rien pour Kenneth; il n'y songeait pas, ne s'en inquiétait pas, et ne pensait plus qu'à la vision qui venait de passer rapidement devant ses yeux. Se courber sur la terre pour y chercher les fleurs que la jeune novice avait laissées tomber, les presser sur ses lèvres et sur son cœur, tantôt l'une après l'autre, tantôt toutes à la fois, baiser tendrement les pierres froides sur lesquelles il croyait qu'elle avait dû passer, faire toutes les extravagances que l'amour suggère, et qu'il justifie en ceux qui y cèdent, ce n'était autre chose que les preuves d'un amour passionné, communes à tous les siècles. Mais ce qu'il y avait de particulier aux temps de la chevalerie, c'était qu'au milieu de son enthousiasme exalté le chevalier n'eût pas la moindre idée de chercher à faire une tentative pour suivre l'objet de son attachement romanesque. Il ne pensait à elle que comme à une divinité qui, ayant daigné se montrer un instant à son adorateur dévoué, était rentrée dans l'ombre de son sanctuaire; comme à une planète douée d'une influence puissante sur sa destinée, et qui, ayant jeté sur lui un rayon favorable pendant un moment heureux, s'était enveloppée de son voile de brouillard. La maîtresse de son affection était pour lui un être supérieur dont les mouvemens ne devaient être ni épiés ni contraints, qui, au gré de sa volonté, devait la réjouir par sa présence ou l'accabler par son absence, l'animer par son doux sourire ou le désespérer par sa cruauté. Elle ne permettait d'ailleurs d'autres importunités ou remontrances que celles qui seraient exprimées par les loyaux services du cœur et de la lance de son noble champion, et celui-ci n'avait d'autre but dans la vie que d'obéir à ses ordres, et d'augmenter, par la splendeur de ses hauts faits, la renommée de celle qu'il aimait.

Telles étaient les règles imposées par la chevalerie et par l'amour, qui en était le principe dominant. Mais d'autres circonstances encore plus particulières donnaient un caractère romanesque à son attachement pour la dame de ses pensées. Jamais il n'avait même entendu le son de sa voix, quoiqu'il eût souvent vu ses charmes avec transport. Elle vivait dans une sphère dont son rang de chevalier lui permettait, à la vérité, d'approcher, mais non de faire partie; et, quelque distingué qu'il fût par sa bravoure et sa science militaire, le pauvre soldat écossais était forcé d'honorer sa divinité à une distance presque aussi grande que celle qui sépare le Persan de l'astre qu'il adore.

Mais où est la femme placée assez haut pour ne pas apercevoir le dévouement passionné d'un amant confondu dans les rangs inférieurs? Elle avait eu les yeux fixés sur lui dans le tournoi; elle avait entendu ses éloges dans la relation des combats qu'on livrait tous les jours, et, tandis que les lords, les comtes et les ducs se disputaient ses bonnes graces, elle les accordait, peut-être involontairement d'abord, et même sans le savoir, au pauvre chevalier du Léopard, qui n'avait guère que sa lance pour soutenir son rang. Ce qu'elle voyait, ce qu'elle entendait, suffisait pour encourager un attachement qui s'était glissé dans son cœur à son insu. Si l'on faisait l'éloge de la bonne mine de quelque chevalier, les dames les plus prudes de la cour militaire d'Angleterre ne se faisaient pas scrupule de donner la préférence à l'Écossais Kenneth; et, malgré les largesses considérables que les pairs et les princes accordaient aux ménestrels, il arrivait quelquefois qu'un esprit impartial d'indépendance s'emparait du poète, et que sa harpe chantait l'héroïsme d'un guerrier qui n'avait à lui donner en récompense ni palefroi ni riches vêtemens.

Les momens où elle écoutait l'éloge de son amant devinrent peu à peu de plus en plus chers à la noble Edith ; ils faisaient diversion à la flatterie dont son oreille était fatiguée, et désignaient aux pensées secrètes de son cœur un guerrier plus digne d'elle, d'après l'opinion générale, qu'aucun de ceux qui l'éclipsaient par leur rang et leur fortune. A mesure que son attention se fixa plus constamment, quoique avec circonspection, sur sir Kenneth, elle devint de plus en plus convaincue du dévouement dont il était pénétré pour elle, de plus en plus certaine qu'elle voyait dans l'Écossais Kenneth le chevalier destiné par le sort à partager avec elle, dans le bonheur ou les calamités, l'attachement passionné auquel les poètes de ce siècle attribuaient un empire si universel, et que les mœurs et les usages du temps plaçaient presque sur le même niveau que la dévotion même.

Ne déguisons pas la vérité à nos lecteurs. Quand Edith connut bien l'état de son propre cœur, quelque fiers que fussent les sentimens d'une jeune personne que sa naissance avait placée à peu de distance du trône d'Angleterre ; quelque satisfaite que dût être sa fierté en se voyant l'objet de l'hommage muet, mais continuel, du chevalier qu'elle avait distingué, il y avait des momens où le cœur de la femme qui aime et qui est aimée murmurait contre la contrainte que lui imposaient son rang et sa situation, et où elle blâmait presque la timidité de son amant, qui paraissait résolu à ne pas en franchir les bornes. L'étiquette de la naissance et du rang, pour nous servir d'une expression moderne, avait tracé autour d'elle un cercle magique au-delà duquel sir Kenneth pouvait, à la vérité, jeter

8.

un regard d'admiration respectueuse, mais dans lequel il ne pouvait pas plus entrer qu'un esprit évoqué ne peut passer les bornes qui lui sont prescrites par la baguette d'un puissant enchanteur.

Involontairement Edith en vint à penser qu'il fallait qu'elle se hasardât à faire le premier pas, même au-delà des limites imposées à son amant, si elle voulait donner à un chevalier si timide et si réservé l'occasion d'obtenir une faveur légère, comme, par exemple, de baiser le ruban de ses souliers. Elle avait présent à la mémoire un exemple bien connu, celui de la fille d'un roi de Hongrie, qui avait ainsi généreusement encouragé un écuyer de basse naissance; et Edith, quoique du sang royal, n'était pas fille de roi, de même que son amant n'était pas issu de bas lieu. La fortune n'avait pas été une barrière si puissante qu'elle pût mettre obstacle à leur affection ; cependant elle trouvait dans son sein cet orgueil modeste qui enchaîne l'amour même, et qui lui défendait, malgré la supériorité de sa condition, de faire ces avances que la délicatesse commande toujours aux amans de notre sexe. D'ailleurs, sir Kenneth était un chevalier si honorable, si accompli du moins, comme elle se le figurait, et connaissant si bien tous ses devoirs, tant envers elle qu'envers lui-même, que, quelque contrainte qu'annonçât son attitude lorsqu'elle recevait le culte de son amour comme une divinité insensible, l'idole craignait qu'en descendant trop tôt de son piédestal, elle ne se dégradât aux yeux de celui qui l'adorait avec tant de ferveur.

Souvent l'adorateur d'une idole véritable a cru découvrir des signes d'approbation dans les traits immobiles d'une statue de marbre : il n'est donc pas étonnant que le chevalier trouvât quelque interprétation favorable dans les regards de l'aimable Edith, dont la beauté consistait plutôt dans le charme de l'expression que dans l'éclat du teint et la régularité parfaite des traits. Malgré toute sa vigilance sur elle-même, elle avait laissé échapper en faveur de sir Kenneth quelques légères marques de distinction; sans cela, comment aurait-il reconnu si promptement cette jolie main dont deux doigts étaient à peine sortis de dessous son voile ? Comment aurait-il été si assuré que les deux fleurs qu'elle avait successivement laissées tomber devant lui étaient destinées à lui apprendre qu'elle l'avait reconnu ?

Nous ne pouvons tenter d'expliquer par quels signes secrets, par quels regards, par quels gestes, par quelle franc-maçonnerie d'amour, ce degré d'intelligence s'était établi entre Edith et son amant; car nos cheveux grisonnent, et ces légères marques d'affection, que de jeunes yeux découvrent promptement, sont au-dessus du pouvoir des nôtres. Il nous suffit de dire que cette affection existait entre deux amans qui ne s'étaient jamais parlé, quoiqu'elle fût réprimée, du côté d'Edith, par le sentiment profond des difficultés et des dangers qui devaient nécessairement suivre les progrès de leur attachement, et du côté du chevalier par mille doutes et par la crainte qu'il n'eût attaché trop d'importance aux légères marques de distinction qu'elle lui avait données, après de longs intervalles de réserve ou même de froideur prudente quand elle redoutait les témoins.

Ce récit, un peu long, mais que la suite de notre

histoire rendait nécessaire, peut servir à expliquer l'intelligence, si cette expression n'est pas trop forte, qui existait entre les deux amans quand la présence inattendue d'Edith dans la chapelle produisit sur Kenneth une impression si profonde.

CHAPITRE V.

> « Les êtres évoqués par la nécromancie
> » Vainement du guerrier attaqueraient la vie ;
> » Ce n'est pas sous la tente et dans le sein d'un camp
> » Qu'on redoute Astaroth, et qu'on craint Termagant. »
> Warton.

Le plus profond silence et d'épaisses ténèbres continuèrent à régner pendant plus d'une heure dans la chapelle où nous avons laissé le chevalier du Léopard encore à genoux, adressant alternativement des expressions de reconnaissance au ciel et à sa dame pour la faveur qui venait de lui être accordée. Sa sûreté et sa destinée, qui rarement lui donnaient beaucoup de soucis, ne l'occupèrent nullement dans cette circonstance. Il était près de lady Edith; il avait reçu des marques de ses bonnes graces; il se trouvait dans un lieu consacré par une relique de la plus auguste sainteté; un soldat chrétien, un amant passionné, ne pouvait rien craindre, et ne devait penser qu'à ses devoirs envers le ciel et envers sa dame.

Lorsque l'intervalle de temps que nous venons d'indiquer se fut écoulé, un coup de sifflet aigu, semblable à celui par lequel un fauconnier rappelle son faucon, se fit entendre, et retentit sous les voûtes de la chapelle. Ce son convenait mal à la sainteté du lieu, et rappela à Kenneth la nécessité de se tenir sur ses gardes. Il se releva à la hâte, et porta la main sur son poignard. Une espèce de craquement qui semblait produit par une vis ou une poulie y succéda, et une lumière montant vers la voûte, et qui sortait d'une ouverture dans le plancher, lui prouva qu'on venait de lever ou de baisser une trappe. En moins d'une minute, un long bras décharné, moitié nu, moitié couvert d'une manche de samis rouge, sortit de cette ouverture, et s'avança armé d'une lampe; l'être à qui ce bras appartenait, montant par degrés, se trouva bientôt sur le plancher de la chapelle. La forme et la figure du personnage qui se présentait ainsi étaient celles d'un nain effrayant, ayant sur sa grosse tête un bonnet bizarrement orné de trois plumes de paon, et portant des vêtemens de samis rouge, dont la richesse faisait encore ressortir sa laideur. Il avait des bracelets d'or aux poignets et aux bras, et une ceinture de soie blanche soutenant un poignard à garde d'or.

Dès que cet être singulier, qui tenait dans sa main gauche une espèce de balai, fut sorti de l'ouverture par laquelle il arrivait, il resta immobile; et, comme s'il eût voulu se montrer plus distinctement, il approcha successivement la lampe de son visage et de toutes les parties de son corps, éclairant tour à tour ses traits sauvages et bizarres et ses membres difformes mais nerveux. Malgré le défaut de proportion qu'on pouvait remarquer dans tout son extérieur, le nain n'était pas assez contrefait pour paraitre manquer de vigueur ou d'activité.

Tandis que sir Kenneth contemplait cet objet désagréable, il se rappela la croyance populaire relativement aux gnomes ou esprits qui font leur demeure dans les cavernes de la terre; et l'être qu'il avait sous les yeux répondait si bien à l'idée qu'il s'était formée de leur extérieur, qu'il le regardait avec une horreur mêlée non de crainte, mais de cette surprise respectueuse que la vue de ce qui parait surnaturel peut inspirer au cœur le plus ferme.

Le nain siffla une seconde fois, et évoqua ainsi du souterrain une autre créature dont la laideur était égale à la sienne. Elle monta de la même manière que lui; mais, pour cette fois, c'était un bras de femme qui tenait la lampe qu'on vit d'abord sortir du souterrain, et c'était une femme, qui pour la taille et les proportions ressemblait beaucoup à son compagnon, qui monta dans la chapelle. Ses vêtemens étaient aussi de samis rouge, et ils étaient taillés et froncés d'une manière bizarre, comme si elle eût fait partie d'une troupe de mimes ou de jongleurs. De même que l'avait fait avant elle son compagnon, elle dirigea successivement la clarté de la lampe sur tous ses membres et sur tous ses traits. Mais avec cet extérieur peu prévenant et parmi leurs traits hideux il se trouvait quelque chose qui annonçait le plus haut degré d'intelligence et d'activité. Leurs yeux, enfoncés sous de gros sourcils noirs, brillaient d'un éclat qui, semblable à celui qu'on remarque dans l'œil des reptiles, semblait les indemniser jusqu'à un certain point de l'extrême difformité de toute leur personne.

Sir Kenneth resta comme si un talisman l'avait pétrifié, pendant que le couple bien assorti, faisant le tour de la chapelle, l'un à côté de l'autre, semblait s'acquitter des devoirs de la domesticité en la balayant ; mais comme ils ne se servaient que d'une main, leur travail ne rendait pas grand service au plancher, et ils remplissaient leurs fonctions avec des gestes bizarres et des manières extraordinaires. Lorsque, dans le cours de cette occupation, ils arrivèrent près du chevalier, ils laissèrent reposer leurs balais, et se plaçant côte à côte en face de lui, ils firent encore mouvoir les lampes qu'ils tenaient en main, comme pour lui faire voir distinctement des traits que leur proximité ne rendait pas plus agréables, et le mettre à portée d'observer la vivacité des éclairs que lançaient leurs yeux noirs et brillans. Dirigeant alors la lumière de leurs lampes sur le chevalier, ils l'examinèrent à leur tour avec attention ; et, se tournant l'un vers l'autre, ils le saluèrent d'un éclat de rire sauvage, qui retentit à ses oreilles. Le son en était si étrange, que sir Kenneth tressaillit en l'entendant, et leur demanda à la hâte, au nom de Dieu, qui ils étaient, et pourquoi ils manquaient de respect à ce lieu saint en se permettant des gestes ridicules et des exclamations profanes.

—Je suis le nain Nebectamus, répondit l'avorton qui semblait du sexe masculin, d'une voix digne de sa figure, et qui ressemblait au croassement du corbeau de nuit plus qu'à aucun des sons qu'on entend pendant le jour.

— Et je suis Genièvre, la dame de son affection, dit la naine d'une voix qui, étant encore plus aigre, paraissait plus sauvage que celle de son compagnon.

— Pourquoi êtes-vous ici? demanda le chevalier, doutant s'il parlait à des êtres humains.

— Je suis, répondit le nain en prenant un ton grave et un air de dignité, le douzième iman, Mahomet Mohadi, le guide et le conducteur des fidèles. Cent chevaux harnachés m'attendent, moi et ma suite, dans la sainte cité, et autant dans la cité de refuge; je suis celui qui rendra témoignage, et voici une de mes houris.

— Tu mens, s'écria sa compagne d'un ton encore plus aigre qu'auparavant. Je ne suis pas une de tes houris; et tu n'es pas un misérable infidèle comme le Mahomet dont tu parles. Que son tombeau soit maudit! Je te dis, âne d'Issachar, que tu es le roi Arthur, que les fées ont enlevé sur le champ de bataille d'Avalon, et je suis dame Genièvre, si célèbre par sa beauté.

— A dire vrai, noble seigneur, reprit le nain, nous sommes de malheureux princes qui vivions sous les ailes de Guy, roi de Jérusalem, quand les chiens d'infidèles le chassèrent de son propre nid. Que la foudre du ciel les consume!

— Silence! dit une voix partant du côté par où le chevalier était entré dans la chapelle; silence, fous; partez, votre besogne est terminée.

Dès que cet ordre eut été donné, les nains se dirent quelques mots l'un à l'autre, d'une voix rauque et discordante, soufflèrent leur lampe, et laissèrent le chevalier dans une obscurité complète, à laquelle se joignit un profond silence quand il n'entendit plus le bruit de leurs pas.

Le départ de ces malheureuses créatures fut un soulagement pour le chevalier. D'après leur extérieur, leur langage et leurs manières, il ne pouvait douter qu'elles n'appartinssent à cette classe d'êtres dégradés que la difformité de leur personne et le dérangement de leur esprit faisaient entretenir dans les grandes familles, où leur laideur et leur imbécillité servaient de jouet à toute la maison. N'étant nullement exempt des préjugés de son siècle, le chevalier écossais aurait pu, en tout autre moment, s'amuser aussi de la folie de ces pauvres avortons; mais alors leur extérieur, leurs gestes, leurs discours, interrompirent ses pensées profondes et solennelles, et il fut charmé de voir disparaître ces infortunés.

Quelques minutes après qu'ils furent partis, la porte par laquelle il était entré s'ouvrit lentement, et, restant entr'ouverte, laissa pénétrer dans la chapelle la faible clarté d'une lampe placée sur le seuil. Sa lueur douteuse et tremblante lui fit apercevoir un homme prosterné contre terre, tout près de l'entrée, mais hors de la chapelle, et, s'en étant approché de plus près, il reconnut l'ermite conservant l'humble posture dans laquelle il l'avait laissé, et qu'il avait sans doute gardée pendant tout le temps qu'il en avait été séparé.

— Tout est terminé, dit l'ermite en entendant le chevalier s'approcher, et le plus misérable des pécheurs de la terre, ainsi que celui qui doit se regarder comme le plus honoré et le plus heureux des mortels, doivent maintenant quitter ce saint lieu. Prenez cette lampe, et marchez devant moi sur l'escalier, car je ne dois me découvrir les yeux que lorsque je serai loin de cet endroit sacré.

Le chevalier écossais obéit en silence ; un sentiment solennel qui approchait de l'extase faisait que le souvenir de tout ce qu'il avait vu réprimait les mouvemens d'une vive curiosité. Ils retrouvèrent tous les passages secrets et les divers escaliers par où ils étaient venus, et arrivèrent dans la cellule extérieure de l'ermite.

— Le criminel condamné est rendu à son cachot, dit Théodoric ; il lui est accordé un répit d'un misérable jour à l'autre, jusqu'à ce que son juge redoutable ordonne enfin l'exécution de la sentence qu'il n'a que trop bien méritée.

En prononçant ces mots, l'ermite ôta le voile qui lui couvrait la tête, et un profond soupir lui échappa lorsqu'il laissa tomber un regard sur ce mystérieux tissu. Dès qu'il l'eut replacé dans le coin où il avait dit au chevalier de le prendre, il dit à son compagnon d'un ton vif et presque brusque : — Rentrez, allez vous reposer ; vous pouvez dormir, rien ne vous le défend ; mais moi je ne le dois ni ne le puis.

Respectant l'agitation avec laquelle l'anachorète lui parlait, sir Kenneth se retira dans la seconde cellule ; mais, jetant un coup d'œil en arrière avant d'y entrer, il vit l'ermite se dépouiller, avec une précipitation qui tenait de la frénésie, de la peau de chèvre qui lui couvrait les épaules, et, avant même qu'il eût eu le temps de fermer la porte qui séparait les deux appartemens, il entendit le bruit des coups de discipline que s'infligeait le pénitent et les gémissemens étouffés que lui arrachait la douleur. Une sueur froide couvrit le chevalier, en songeant combien devait être noir le péché qu'une pénitence si sévère ne pouvait effacer, et combien devaient être cuisans les remords qu'elle paraissait ne pouvoir apaiser; il dit son chapelet avec dévotion, s'étendit sur son matelas, après avoir jeté un regard sur le musulman encore endormi, et, fatigué par toutes les aventures qui lui étaient arrivées pendant cette nuit et le jour qui l'avait précédée, il s'endormit bientôt d'un sommeil profond.

Lorsqu'il s'éveilla dans la matinée, il s'entretint avec l'ermite sur des affaires d'importance; cette conversation le décida à passer encore deux jours dans la cellule. Il apporta dans ses exercices de dévotion toute la régularité qu'on devait attendre d'un pèlerin; mais il ne fut plus admis dans la chapelle où il avait vu de telles merveilles.

CHAPITRE VI.

> « La scène va changer, qu'on sonne le clairon :
> « Il faut dans son repaire éveiller le lion. »
>
> Ancienne pièce dramatique.

Comme les vers qui précèdent l'annoncent, il faut maintenant que nous changions de scène. Des montagnes solitaires du Jourdain nous allons passer dans le camp de Richard, roi d'Angleterre; ce camp était alors placé entre Saint-Jean-d'Acre et Ascalon, et renfermait cette armée avec laquelle Cœur-de-Lion s'était promis de marcher en triomphe jusqu'à Jérusalem, entreprise dans laquelle il aurait probablement réussi sans les obstacles que lui suscita la jalousie des princes chrétiens qui y avaient pris part; mais on pouvait aussi en accuser le mécontentement que firent naître la hauteur indomptable du monarque anglais, et le mépris qu'il montrait pour des souverains qui, quoique ses égaux en rang, étaient bien loin de l'égaler en courage, en constance et en talens militaires. Des dissensions, et particulièrement la discorde qui régnait entre Richard et Philippe, roi de France, occasionèrent des querelles et des difficultés qui s'opposèrent à toutes les mesures actives que proposa le génie héroïque, quoique impétueux, de Richard : cependant les rangs des croisés s'éclaircissaient tous les jours non-seulement par la désertion individuelle, mais par le départ de troupes entières, qui se retiraient, leurs chefs en tête, du théâtre d'une entreprise dont ils avaient cessé d'espérer le succès.

Les effets du climat devinrent, suivant l'usage, funestes aux soldats partis du nord, d'autant plus que les mœurs licencieuses et dissolues des croisés, formant un singulier contraste avec les principes et les motifs qui leur avaient fait prendre les armes, les rendaient plus facilement victimes de l'influence pernicieuse des chaleurs brûlantes et des rosées glaciales. A ces causes de découragement il fallait ajouter la perte que faisait essuyer le glaive de l'ennemi. Saladin, le nom le plus illustre de l'histoire de l'Orient, avait appris par une fatale expérience que ses soldats, légèrement armés, n'étaient guère en état de combattre corps à corps les Francs couverts d'acier, et qu'il devait redouter le caractère aventureux de Richard. Mais si ses armées avaient été plus d'une fois mises en déroute avec un grand carnage, le nombre de ses soldats lui donnait l'avantage dans ces légères escarmouches dont la plupart étaient inévitables. A mesure que l'armée des assaillans diminuait, les entreprises du sultan, dans cette espèce de petite guerre, devenaient plus fréquentes et plus audacieuses. Le camp des croisés était entouré et presque assiégé par des escadrons de cavalerie légère, semblables à des essaims de guêpes, qu'on écrase facilement quand on peut les saisir, mais qui ont des ailes pour fuir une force supérieure, et des aiguillons pour se venger. Il y avait une guerre perpétuelle entre les avant-postes et les fourrageurs, et un grand nombre de vies précieuses y étaient sacrifiées sans aucun avantage. Les convois des croisés étaient interceptés; leurs communications étaient coupées : c'était au prix de leur vie qu'il fallait qu'ils achetassent les moyens de la soutenir; et l'eau, comme celle de la fontaine de Bethléem, tant désirée par le roi David, ne pouvait, alors comme autrefois, être obtenue qu'en répandant le sang.

Ces maux étaient contre-balancés en grande partie par la ferme résolution et l'activité infatigable du roi Richard, qui, avec quelques-uns de ses plus braves chevaliers, était sans cesse à cheval, prêt à se porter sur le point menacé, et non-seulement offrant aux chrétiens un secours inattendu, mais mettant en déroute les infidèles au moment même où ils se croyaient le plus assurés de la victoire. Cependant Cœur-de-Lion ne put lui-même supporter impunément les alternatives d'un climat malsain, jointes à des fatigues perpétuelles de corps et d'esprit. Il fut attaqué d'une de ces fièvres lentes qui sont particulières à l'Asie, et en dépit de sa vigueur extraordinaire, et d'un courage encore plus grand, il devint d'abord hors d'état de monter à cheval, et ensuite d'assister aux conseils de guerre que les croisés tenaient de temps en temps.

Il serait difficile de dire si cet état d'inaction forcée

devint plus pénible ou plus facile à supporter pour le monarque anglais, lorsque le conseil des croisés eut résolu de conclure une trêve de trente jours avec le sultan Saladin ; car, d'une part, s'il était courroucé du délai apporté à l'exécution de la grande entreprise, de l'autre, il s'en consolait un peu en songeant que ses compagnons d'armes ne cueillaient pas de lauriers tandis qu'il était étendu sur un lit de douleur.

Mais ce que Cœur-de-Lion pouvait le moins excuser, c'était l'indolence générale qui régna dans le camp des croisés dès que sa maladie eut pris un caractère sérieux ; et les renseignemens qu'il arracha, presque contre leur gré, à ceux qui l'entouraient, lui apprirent que les espérances de l'armée avaient décru dans la même proportion que son indisposition avait augmenté, et qu'on employait l'intervalle de la trêve non à recruter les rangs des soldats, non à ranimer leur courage, à nourrir leur esprit de conquête, à les préparer à marcher avec courage et rapidité vers la sainte cité qui était le but de leur expédition, mais plutôt à fortifier le camp occupé par une armée devenue moins nombreuse, et à l'entourer de tranchées, de palissades et d'autres fortifications, comme si l'on se fût préparé à repousser les attaques d'un ennemi formidable dès que les hostilités recommenceraient, au lieu de prendre l'initiative de l'attaque et de se montrer fièrement en conquérans.

Le monarque anglais frémissait en entendant ces rapports, comme le lion emprisonné qui voit sa proie à travers les barreaux de fer de sa cage ; naturellement violent et impétueux, il se sentait consumer par l'irritabilité de son caractère. Tous ceux qui le servaient le redoutaient ; et les hommes de l'art n'osaient prendre sur lui l'autorité qu'un médecin doit exercer sur son malade pour le guérir. Un fidèle baron, qu'une similitude de caractère attachait peut-être plus qu'un autre à la personne du roi, osait seul se placer entre le lion et sa colère, et, en unissant la douceur à la fermeté, conservait un empire auquel nul autre n'osait prétendre sur un malade qu'il était dangereux de contrarier ; cet empire, Thomas de Multon ne l'exerçait que parce qu'il faisait plus de cas de la vie et de l'honneur de son souverain que de la faveur dont il jouissait près de lui ; car il s'inquiétait peu du risque qu'il pouvait courir en cherchant à gouverner un malade intraitable, et dont le mécontentement était si dangereux.

Sir Thomas était seigneur de Gilsland, dans le comté de Cumberland ; et dans un siècle où les surnoms et les titres n'étaient pas attachés aux individus aussi distinctement qu'aujourd'hui, il était nommé par les Normands lord de Vaux (1). Les Saxons, tenant à leur ancienne langue, et fiers du sang saxon qui coulait aussi dans les veines de ce guerrier, l'appelaient Thomas, et plus familièrement *Tom des Gills* ou de l'Étroite Vallée, d'après laquelle ses vastes domaines étaient connus par la dénomination générale de *Gilsland*.

Ce baron avait porté les armes dans presque toutes les guerres entre l'Angleterre et l'Écosse, ou dans la lutte des factions intérieures qui avaient déchiré le premier de ces deux pays; dans toutes il s'était distingué par sa bravoure et ses prouesses. Sous d'autres rapports c'était un soldat grossier, brusque et insouciant, taci-

---

(1) C'est dans la même famille que sir Walter Scott a déjà choisi le héros des *Fiançailles de Triermain*. — Éd.

turne et même sombre, paraissant du moins dédaigner toute connaissance de la politique et de l'art des courtisans.

Il se trouvait pourtant des gens qui, prétendant savoir lire dans le fond des cœurs, assuraient que lord de Vaux était aussi fin et aussi ambitieux qu'il était brusque et audacieux, et qui pensaient que, s'il imitait la brusquerie du roi, c'était, du moins jusqu'à un certain point, dans la vue de s'insinuer mieux dans ses bonnes graces, et de faire réussir les projets que lui inspirait une profonde ambition. Mais personne n'osait le contrecarrer dans ses desseins, s'il en nourrissait de semblables, en partageant avec lui la dangereuse occupation de passer toutes les journées près du lit d'un prince dont la maladie avait été déclarée contagieuse, et surtout quand on songeait que ce malade était Cœur-de-Lion, rugissant de l'impatience d'un guerrier qui ne peut assister à une bataille, et d'un souverain hors d'état de déployer son autorité. Quant aux soldats, du moins quant à ceux de l'armée anglaise, ils pensaient en général que les soins que De Vaux prodiguait au roi étaient ceux qu'un camarade donne à un autre, avec la franchise militaire et l'amitié désintéressée de ceux qui partagent tous les jours les mêmes dangers.

C'était vers la fin d'un jour de l'été syrien que Richard était étendu sur un lit de douleur, devenu aussi insupportable à son esprit que la maladie l'avait rendu fatigant pour son corps. Son grand œil bleu, qui, dans tous les temps, brillait d'un éclat peu commun, rendu plus vif par la fièvre et les inquiétudes, lançait sous les longues tresses de cheveux roux bouclés qui le couvraient en partie, des éclairs aussi rapides que les der-

niers rayons que darde le soleil à travers les nuages de
la tempête ; ses traits mâles annonçaient les progrès de
la maladie qui le minait, et une barbe négligée couvrait ses lèvres et son menton. Changeant de position à
chaque instant, tantôt il tirait à lui ses couvertures,
tantôt il les repoussait avec un mouvement de dépit;
son lit en désordre et ses gestes d'impatience offraient
la preuve de l'énergie et de la vivacité d'un caractère
dont l'activité était l'élément naturel.

Près de sa couche était Thomas de Vaux, qui, par
son attitude, sa physionomie et ses manières, formait
le contraste le plus saillant avec le monarque malade.
Sa taille était presque gigantesque, et ses cheveux auraient pu ressembler à ceux de Samson pour l'épaisseur, mais seulement depuis que ceux du champion
d'Israël eurent été soumis aux ciseaux des Philistins ;
car De Vaux coupait les siens fort court, afin de pouvoir les contenir sous son casque. L'éclat de ses grands
yeux noirs ressemblait à celui d'une matinée d'automne, et leur calme n'était troublé que momentanément, quand ils étaient attirés par les marques d'impatience et d'agitation violente de Richard. Ses traits,
quoique lourds comme toute sa personne, pouvaient
avoir eu quelque beauté avant d'avoir été sillonnés par
maintes cicatrices. Sa lèvre supérieure, suivant l'usage
des Normands, était couverte de moustaches épaisses,
et si longues qu'elles allaient rejoindre sa chevelure,
qui était d'un brun foncé, mais commençant à grisonner. Son corps était taillé de manière à défier toute
espèce de fatigues et de climats, car il était élancé,
avait la poitrine large, les bras longs, et tous les membres doués d'une vigueur peu commune.

Il y avait plus de trois nuits qu'il n'avait quitté sa cotte de buffle, n'ayant pris que quelques instans de ce repos que peut se permettre à l'échappée celui qui veille près d'un roi malade. Il changeait rarement d'attitude, si ce n'était pour présenter à Richard les breuvages que nul autre que lui ne pouvait décider le monarque impatient à prendre; et il y avait quelque chose de touchant dans la manière affectueuse, quoique gauche, dont il s'acquittait de soins si opposés à ses habitudes militaires et à son caractère de brusquerie.

Le pavillon dans lequel se trouvaient ces deux personnages offrait aux yeux, suivant l'esprit du temps et le caractère personnel de Richard, plus d'appareil militaire que de pompe royale. Des armes offensives et défensives, d'une forme étrange et nouvelle, étaient éparses sous la tente, ou attachées aux piliers qui la soutenaient. Des peaux d'animaux tués à la chasse étaient étendues par terre, ou suspendues aux côtés du pavillon; sur un monceau de ces dépouilles, recueillies dans les bois, reposaient trois *Alans*, comme on les nommait alors, c'est-à-dire trois lévriers de la plus grande taille, blancs comme la neige. Les cicatrices des blessures que leur avaient faites à la tête les griffes et les défenses des animaux qu'ils avaient combattus prouvaient la part qu'ils avaient eue à la conquête des trophées sur lesquels ils étaient étendus; et leurs yeux, fixés de temps en temps sur Richard d'un air expressif, ainsi que leur gueule béante, montraient combien ils étaient étonnés et chagrins de l'inaction extraordinaire qu'ils étaient forcés de partager.

Tous ces objets n'annonçaient que le chasseur et le guerrier; mais, sur une petite table placée près du lit, on voyait un bouclier d'acier, de forme triangulaire, portant les trois lions passans que le monarque chevalier avait pris d'abord pour armoiries, et le diadème d'or, ressemblant beaucoup à une couronne ducale, si ce n'est qu'il était plus haut sur le front que par-derrière, et qui, avec la tiare de velours pourpre brodé, était alors l'emblème de la souveraineté en Angleterre. A côté, comme prête à défendre ce symbole de la royauté, était la redoutable masse d'armes de Cœur-de-Lion, dont le poids aurait fatigué tout autre bras que le sien.

Dans une division extérieure de la tente étaient deux ou trois officiers de la maison du roi, fort inquiets de la mauvaise santé de leur maître, et qui ne l'étaient peut-être pas moins de ce qu'ils deviendraient eux-mêmes s'il succombait à cette maladie. Leurs sombres appréhensions se communiquaient aux sentinelles, qui allaient et venaient devant la porte du pavillon d'un air soucieux et consterné, ou qui, appuyées sur leurs hallebardes, restaient immobiles à leur poste, semblables à des trophées d'armes plutôt qu'à des guerriers vivans.

— Ainsi donc tu n'as pas de meilleures nouvelles à me donner, sir Thomas? dit le roi après un assez long intervalle de trouble, de silence et d'agitation fiévreuse. Tous nos chevaliers sont métamorphosés en femmes; toutes nos femmes sont devenues dévotes, et il n'existe plus une étincelle de valeur ou de galanterie pour animer un camp qui contient l'élite de la chevalerie d'Europe. Ah!.....

— Sire, répondit De Vaux, répétant avec patience la même observation pour la vingtième fois, la trève met des entraves à notre activité; quant aux dames, je ne suis point un galant, comme Votre Majesté le sait fort bien, et il est rare que je change l'acier et le buffle pour l'or et le velours; mais ce que je sais, c'est que nos beautés les plus célèbres ont accompagné Sa Majesté la reine et la princesse, qui sont en pèlerinage au couvent d'Engaddi, par suite d'un vœu qu'elles ont fait pour obtenir du ciel la guérison de Votre Majesté.

— Et c'est ainsi, s'écria Richard avec une impatience occasionée par sa maladie, que des femmes et des filles du sang royal se hasardent dans un climat où les païens qui le souillent n'ont pas plus de bonne foi envers les hommes que de dévotion pour le vrai Dieu !

— Songez, sire, répondit De Vaux, qu'elles ont pour sûreté la parole de Saladin.

— C'est vrai, c'est vrai, répliqua Richard; j'étais injuste envers le soudan, je lui en dois réparation. Plût au ciel que je pusse la lui offrir entre nos deux armées, avec les chrétiens et les païens pour spectateurs !

En parlant ainsi, Richard tira hors du lit son bras nu jusqu'à l'épaule, et, se mettant avec peine sur son séant, il tendit son poing fermé, comme s'il eût tenu son épée ou sa masse d'armes, prêt à frapper le riche turban de Saladin. Ce ne fut pas sans avoir besoin de recourir à une douce violence, que le roi aurait difficilement soufferte de la part de tout autre, que lord de Vaux, en sa qualité de garde-malade, força son maître à se recoucher et recouvrit son bras nerveux, son cou et ses épaules, avec tout le soin qu'une mère aurait donné à un enfant fantasque.

— Tu es une garde un peu rude, quoique pleine de bonne volonté, dit le roi avec un sourire amer, mais en se soumettant à une force à laquelle il était hors d'état de résister. Il me semble qu'une coiffe de vieille femme irait à tes traits aussi bien qu'un béguin d'enfant aux miens. Nous serions alors une garde et un poupon propres à effrayer les jeunes filles.

— Nous avons effrayé les hommes plus d'une fois, sire, répondit lord De Vaux, et j'espère que nous vivrons assez pour les effrayer encore. Qu'est-ce qu'un accès de fièvre? Il faut le supporter avec patience pour s'en débarrasser plus facilement.

— Un accès de fièvre! s'écria Richard avec impétuosité. Oui, tu peux croire avec raison que ma maladie est un accès de fièvre; mais quelle est celle de tous les autres princes chrétiens, de Philippe de France, de ce pesant Autrichien, du marquis de Montserrat, des Hospitaliers, des Templiers? Quelle est leur maladie? Je te le dirai, c'est une paralysie, une léthargie mortelle, un mal qui les prive de la faculté de parler et d'agir, une plaie qui a rongé le cœur de tout ce qu'il y avait de noble, de vertueux et de chevaleresque parmi eux, qui les a fait manquer au plus noble vœu que chevalier ait jamais fait, qui les a rendus indifférens à leur renommée, qui leur a fait oublier leur Dieu.

— Pour l'amour du ciel, sire, parlez avec moins de violence, dit De Vaux; on vous entendra hors de votre tente. La soldatesque n'est déjà que trop portée à tenir de pareils discours, qui ne sont propres qu'à engendrer la discorde et les dissensions dans l'armée chrétienne. Songez que votre maladie les prive du ressort le plus nécessaire à leur entreprise. Il serait plus facile à un mangonneau de travailler sans vis et sans levier qu'à l'armée chrétienne de rien entreprendre sans le roi Richard.

— Tu me flattes, De Vaux, dit le roi; — et cependant, n'étant pas inaccessible aux séductions des éloges, il appuya la tête sur son oreiller d'un air qui annonçait plus de disposition à chercher le repos qu'il n'en avait encore montré.

Mais Thomas de Vaux n'était pas courtisan. La phrase qu'il venait de prononcer était sortie spontanément de ses lèvres, et il ne savait comment continuer un sujet de conversation agréable, de manière à prolonger l'instant de calme qu'il avait fait naître. Il garda donc le silence, et le roi, retombant dans ses sombres méditations, s'écria enfin avec vivacité :

— De par Dieu! de pareils discours sont bons pour amuser un malade; mais pourquoi faut-il qu'une ligue de monarques, une réunion de nobles, un rassemblement de toute la chevalerie d'Europe, restent dans l'inaction à cause de la maladie d'un homme, quoique cet homme soit le roi d'Angleterre? Pourquoi la maladie ou la mort de Richard empêcherait-elle la marche de trente mille guerriers aussi braves que lui? Le troupeau se disperse-t-il quand le cerf qui le conduit est tué? Quand le faucon a saisi entre ses serres la cigogne qui vole en tête des autres, celle qui la suit ne prend-elle pas sa place? Pourquoi les chefs ne se rassemblent-ils pas, et ne choisissent-ils pas quelqu'un d'entre eux pour lui confier la conduite de l'armée?

— N'en déplaise à Votre Majesté, répondit De Vaux, j'ai entendu dire qu'il a déjà été question de quelque chose de ce genre dans plusieurs conseils.

— Ah! s'écria Richard, sa jalousie s'éveillant et donnant une autre direction à son irritation d'esprit, suis-je donc oublié par mes alliés, avant d'avoir reçu les sacremens? Me croient-ils déjà mort? Mais, non, non, ils ont raison; et qui choisissent-ils pour chef de l'armée chrétienne?

— Le rang et la dignité indiquent le roi de France, dit De Vaux.

— Oh! sans doute! Philippe, roi de France et de Navarre! Montjoie, Saint-Denis, Sa Majesté très-chrétienne! voilà de quoi remplir la bouche; il n'y a qu'un seul risque, c'est qu'il ne se méprenne en disant *en arrière* au lieu d'*en avant*, et qu'il ne nous reconduise à Paris, au lieu de nous faire marcher sur Jérusalem. Sa tête politique a eu le temps d'apprendre qu'il y a plus à gagner en opprimant ses feudataires et en pillant ses alliés, qu'en disputant aux musulmans la possession du saint sépulcre.

— On pourrait choisir l'archiduc d'Autriche?

— Quoi! est-ce parce qu'il est aussi grand et aussi gros que toi, Thomas, qu'il a le crâne aussi épais, sans avoir ton indifférence pour le danger et ton insouciance pour les injures? Je te dis que l'Autrichien, dans toute cette masse de chair, n'a d'autre courage que celui d'une guêpe hargneuse, ni plus de force qu'un roitelet; qu'il n'en soit pas question! Conduire des chevaliers à la gloire, lui! Qu'on lui donne un flacon de vin pour le voir boire avec ses lansquenets et ses soldats lâches et déguenillés.

— Il y a le grand-maître des Templiers, dit le baron, qui n'était pas fâché de fixer les idées de son maître sur tout autre objet que sa maladie, même aux dépens de la réputation des princes et des potentats; — il est instruit, brave dans les combats, sage dans les conseils; et il n'a point d'états qui puissent le distraire de ses efforts pour recouvrer la Terre-Sainte. Que pense Votre Majesté du grand-maître comme général en chef de l'armée chrétienne?

— Ah! Beau-séant! On ne peut faire aucune objection contre le frère Giles Amaury. Il connaît l'ordonnance d'une bataille, et il combat au premier rang quand elle commence. Mais, sir Thomas, serait-il juste de conquérir la Terre-Sainte sur Saladin, qui réunit toutes les vertus dont est capable l'homme que n'éclaire pas la lumière du christianisme, pour en investir Giles Amaury, un homme plus païen que le soudan lui-même, un idolâtre, un adorateur du démon, un nécromancien, un renégat, qui commet les crimes les plus noirs et les plus infames dans les souterrains et les lieux secrets consacrés aux ténèbres et aux abominations?

— On ne reproche ni hérésie ni magie au grand-maître des chevaliers hospitaliers de Saint-Jean-de-Jérusalem.

— Mais n'est-il pas d'une avarice sordide? Ne l'a-t-on pas soupçonné et plus que soupçonné d'avoir vendu aux infidèles des avantages qu'ils n'auraient jamais obtenus les armes à la main? Croyez-moi, Thomas, il vaudrait mieux donner l'armée à vendre aux patrons de navires vénitiens ou aux colporteurs lombards que de la confier au grand-maître de Saint-Jean.

— Eh bien donc, sire, je ne vous en citerai plus qu'un. Qu'avez-vous à dire du brave marquis de Montserrat, si sage, si élégant, si excellent homme d'armes?

— Sage! vous voulez dire rusé. Élégant! oui, dans la chambre d'une dame, si vous le voulez. Oh, oui! Conrad de Montserrat! qui ne connaît ce damoiseau?

Politique et versatile, il changera ses projets aussi souvent que la couleur de ses habits, et vous ne pourrez jamais deviner la couleur de ses vêtemens de dessous d'après celle du manteau qu'il porte par-dessus. Un brave homme d'armes! oui, il figure bien à cheval et il se comporte à merveille dans un tournoi, où l'on combat à fer émoussé. N'étais-tu pas avec moi quand je dis à ce galant marquis : — Nous voici trois bons chrétiens, voilà là-bas une soixantaine de Sarrasins; chargeons-les; qu'en dites-vous? Ce n'est que vingt mécréans d'infidèles contre un bon chevalier.

— Je m'en souviens, dit De Vaux; et le marquis vous répondit que ses membres étaient de chair et non d'argile, et qu'il aimait mieux avoir le cœur d'un homme que celui d'un animal, cet animal fût-il le lion. Mais je vois clair à présent; nous finirons comme nous avons commencé, sans pouvoir espérer d'offrir nos prières au saint sépulcre jusqu'à ce qu'il plaise au ciel de rendre la santé au roi Richard.

A cette grave remarque, Richard partit d'un éclat de rire, le premier qu'il se fût permis depuis quelque temps. — Ce que c'est que la conscience! s'écria-t-il, puisque par elle un lourd cerveau septentrional comme le tien peut amener son souverain à faire l'aveu de sa folie! Il est très-vrai que, s'ils ne se mettaient pas en avant comme en état de tenir en main mon bâton de commandant, je ne songerais guère à arracher les lambeaux de soie dont on a couvert toutes les poupées que tu m'as fait passer successivement sous les yeux. Que m'importe qu'ils se pavanent en manteaux brillans de clinquant, pourvu qu'on ne les nomme pas comme mes rivaux dans la grande entreprise à laquelle je me suis dévoué? Oui, De Vaux, je t'avoue ma faiblesse et l'égoïsme de mon ambition. Le camp chrétien contient sans doute beaucoup de meilleurs chevaliers que Richard d'Angleterre, et il serait sage et raisonnable de confier au plus digne d'entre eux la conduite de l'armée; mais, continua le monarque en se soulevant sur son lit et en repoussant ses couvertures, tandis que ses yeux brillaient comme s'il eût été à l'instant de livrer une bataille, si ce chevalier plantait la bannière de la croix sur le temple de Jérusalem tandis que je serais hors d'état de prendre part à cette noble tâche, je ne manquerais pas, dès que j'aurai la force de mettre ma lance en arrêt, de le défier au combat à outrance, pour avoir nui à ma renommée en arrivant avant moi au but de mon entreprise. Mais écoute! quelles trompettes entends-je dans l'éloignement?

— Celles du roi Philippe, à ce que je crois, sire.

— Tu as l'oreille dure, Thomas, dit le roi en cherchant à se lever; n'entends-tu pas la manière dont elles sonnent? De par le ciel, les Turcs sont dans le camp, j'entends leurs *lélies* (1).

Il fit de nouveaux efforts pour sortir du lit, et De Vaux fut obligé d'employer toute sa force pour l'y retenir, et même d'appeler à son aide les officiers qui se trouvaient dans la première division de la tente.

— Tu es un traître déloyal, De Vaux, s'écria le monarque courroucé, lorsque, épuisé et hors d'haleine, il fut obligé de se soumettre à une force supérieure et de rester en repos sur son lit. Je voudrais.... je voudrais être en état de soulever ma hache pour t'en fendre le crâne.

(1) Cri de guerre des musulmans. — Éd.

— Je voudrais que vous eussiez cette force, sire, quand même vous devriez en faire un pareil usage. Tous les paris seraient pour la chrétienté, si Thomas Multon était mort, et que Richard d'Angleterre fût redevenu ce qu'il était.

— Mon bon et fidèle serviteur, dit Richard en lui tendant la main, que le baron baisa avec respect, pardonne à ton maître ce mouvement d'impatience. C'est la fièvre, et non Richard d'Angleterre qui vient de parler si durement. Mais sors un instant, et reviens m'informer quels sont les étrangers qui se trouvent dans le camp, car ces trompettes n'appartiennent pas à la chrétienté.

De Vaux sortit du pavillon pour exécuter les ordres du roi, bien résolu à ne pas faire une longue absence. Il recommanda aux officiers qu'il laissait près de Richard de redoubler d'attention sur leur souverain, les menaçant de faire tomber sur eux toute la responsabilité ; menace qui, en augmentant leur timide inquiétude, ne les rendit pas plus propres à remplir leurs fonctions ; car, après la colère du monarque, ils ne craignaient peut-être rien tant que celle du fier et inexorable lord de Gilsland.

CHAPITRE VII.

> « Jamais l'Anglais et l'Écossais
> » N'ont combattu sur les frontières,
> » Sans qu'on ait vu le sang inonder nos guérets
> » Comme l'eau tombant des gouttières. »
> *La bataille d'Otterbourne.*

Un nombre considérable de guerriers écossais avaient joint les croisés, et ils s'étaient naturellement rangés sous les bannières du monarque anglais, étant, comme les soldats de ce prince, d'origine saxonne ou normande, parlant la même langue, quelques-uns possédant des domaines en Angleterre aussi-bien qu'en Écosse, et plusieurs étant alliés à l'Angleterre par le sang et les mariages. Cette époque d'ailleurs précédait celle où l'ambition démesurée d'Édouard Ier donna un caractère d'acharnement envenimé aux guerres qui eurent lieu entre ces deux nations, les Anglais ne voulant rien moins qu'assujettir l'Écosse, et les Écossais combattant avec la ferme détermination et l'opiniâtreté qui leur sont naturelles, pour le maintien de leur indépendance, dans les circonstances les plus désavantageuses, à quelque risque que ce fût, et en recourant aux moyens les plus violens. Jusqu'alors les guerres entre les deux peuples, quoique fréquentes et animées, avaient été conduites d'après les principes d'une franche hostilité, et elles admettaient ces nuances de courtoisie délicate et de respect pour des ennemis déclarés qui adoucissent et rendent plus supportables les horreurs de la guerre. Il en résultait qu'en temps de paix, et surtout quand les deux pays étaient engagés, comme à l'époque dont il s'agit, dans une guerre entreprise pour une cause commune que leurs idées religieuses leur rendaient également chère, les aventuriers des deux contrées combattaient souvent dans les mêmes rangs, l'émulation nationale ne servant qu'à les exciter à se surpasser l'un l'autre.

Le caractère franc et belliqueux de Richard, qui ne faisait de distinction entre ses propres sujets et ceux d'Alexandre, roi d'Écosse, que d'après la manière dont ils se comportaient sur le champ de bataille, tendait beaucoup à lui attacher les troupes des deux nations. Mais pendant sa maladie, et dans les circonstances défavorables où se trouvaient les croisés, les antipathies nationales commencèrent à se montrer parmi les soldats des différens peuples unis pour la croisade, comme d'anciennes blessures se rouvrent dans le corps humain quand il est miné par la maladie ou l'épuisement.

Les Écossais et les Anglais, également fiers, jaloux, et prompts à s'offenser, les premiers encore plus que les autres, parce qu'ils appartenaient à la plus pauvre et à la plus faible des deux nations, commencèrent à remplir par des divisions intestines l'intervalle de temps que la trêve les empêchait d'employer à faire tomber sur les Sarrasins leurs efforts réunis. Comme les deux chefs romains qui se diputaient l'empire du monde, les Écossais ne voulaient pas reconnaître de supériorité, et leurs voisins du sud ne voulaient pas admettre d'égalité. On n'entendait que plaintes et récriminations; les soldats, les chefs et les chevaliers, qui avaient été bons camarades tant que la victoire leur avait souri, se lançaient des regards courroucés dans le moment de l'adversité, comme si leur concorde n'eût pas été alors plus nécessaire que jamais pour assurer non-seulement le succès de leur cause commune, mais même leur sûreté personnelle. La même désunion avait commencé à éclater entre les Français et les Anglais, entre les Italiens et les Allemands, même entre les Danois et les Suédois; mais ce qui concerne le plus particulièrement notre histoire, c'est la division qui s'était déclarée entre les deux nations que nourrit une même île, et qui n'en paraissaient être pour cela même que plus animées l'une contre l'autre.

De tous les nobles anglais qui avaient suivi le roi en Palestine, De Vaux était celui qui avait le plus de préjugés contre les Écossais. Ses domaines étaient situés près des frontières; il avait passé toute sa vie à faire la guerre contre eux, soit de nation à nation, soit de seigneur à seigneur; il avait porté chez eux le fer et le feu, et ils lui avaient fait éprouver de semblables calamités. Son dévouement et sa fidélité pour son roi ressemblaient à l'affection de l'ancien mâtin anglais pour son maître, affection qui le rend grondeur et inaccessible même à ceux pour qui il est indifférent, et dangereux pour tous ceux contre qui il a conçu une prévention. De Vaux n'avait jamais vu sans déplaisir et sans jalousie Richard accorder une marque de courtoisie ou de faveur à cette race perverse, trompeuse et féroce, née au nord d'un certain fleuve, ou d'une ligne imaginaire de démarcation tracée au milieu d'un désert et à travers des montagnes : il doutait même du succès d'une croisade dans laquelle on avait permis aux Écossais de porter les armes, car il les regardait, à peu de chose près, du même œil que les Sarrasins qu'il venait combattre. On peut y ajouter qu'étant lui-même un franc et véritable Anglais, peu accoutumé à cacher le plus léger mouvement d'affection ou de haine, il regardait la courtoisie que les Écossais avaient puisée soit dans leurs relations avec les Français, leurs alliés ordinaires, soit dans leur propre caractère fier et réservé, comme un masque perfide de leurs dangereux desseins à l'égard de leurs voisins, contre lesquels il croyait, avec une confiance véritablement anglaise, qu'il était impossible qu'ils obtinssent jamais aucun avantage en employant des moyens honorables et légitimes.

Cependant, quoique De Vaux nourrît de tels sentimens relativement à ses voisins du nord, et les étendît même sur ceux d'entre eux qui avaient pris la croix, son respect pour le roi et le sentiment des devoirs que lui imposait son vœu comme croisé l'empêchaient de les montrer autrement qu'en évitant autant qu'il lui était possible tout commerce avec ses frères d'armes du nord, ou en observant une sombre et méprisante taciturnité toutes les fois que le hasard l'obligeait à se trouver avec quelqu'un d'entre eux, soit en marche, soit dans le camp. Les barons et les chevaliers écossais n'étaient pas hommes à supporter ses dédains sans les lui rendre, et les choses en vinrent au point qu'ils le regardèrent comme l'ennemi le plus actif et le plus déterminé d'une nation qu'il se bornait pourtant à ne pas aimer et à mépriser. De bons observateurs avaient même remarqué que, s'il n'avait pas pour eux la charité de l'Écriture, qui souffre long-temps et qui juge avec indulgence, il ne manquait nullement de cette vertu subordonnée et plus limitée qui compatit aux souffrances des autres et qui les soulage. La richesse de Thomas de Gilsland lui procurait en abondance des approvisionnemens de toute espèce, et une partie s'en écoulait toujours, par de secrets canaux, dans le quartier occupé par les Écossais, sa sombre bienveillance partant du principe que ce qu'il y avait de plus important au monde pour un homme, après ses amis, c'étaient ses ennemis, et passant par-dessus tous les degrés intermédiaires, comme trop indifférens pour mériter de lui une seule pensée. Cette explication était nécessaire pour que le lecteur pût bien comprendre les détails dans lesquels nous allons maintenant entrer.

Thomas de Vaux était à peine sorti du pavillon du roi, qu'il reconnut ce qu'avait découvert sur-le-champ l'oreille beaucoup plus fine du monarque anglais, qui ne manquait pas de talent dans l'art des ménestrels; c'est-à-dire que les sons de musique qu'ils avaient entendus étaient produits par les trompettes, les hautbois et les timbales des Sarrasins. Au bout d'une longue avenue de tentes qui conduisait à celle de Richard, il vit une foule de soldats réunis autour de l'endroit d'où partait ce bruit, presque au centre du camp; et, à sa grande surprise, il distingua au milieu des casques de forme variée que portaient les croisés de différentes nations, des turbans blancs et de longues piques qui annonçaient la présence des Sarrasins armés, et les grosses têtes difformes de chameaux et de dromadaires, qui s'élevaient au-dessus de la multitude, à l'aide de leurs longs cous disproportionnés.

Aussi mécontent qu'étonné d'un spectacle si inattendu et si singulier, car il était d'usage que toutes les communications qui avaient lieu avec l'ennemi sous un pavillon de trève se fissent dans un endroit convenu hors des barrières, le baron regarda à la hâte autour de lui, cherchant quelqu'un à qui il pût demander la cause de cette nouveauté alarmante.

Au pas grave et à l'air de fierté du premier guerrier qu'il vit s'avancer vers lui, il conclut sur-le-champ que c'était un Écossais ou un Espagnol; et un instant après il se dit à lui-même : — Oui, c'est bien un Écossais; c'est le chevalier du Léopard; je l'ai vu combattre assez bien pour un homme de son pays.

Ne se souciant pas même de lui faire une question en passant, il allait continuer son chemin sans s'arrêter, avec cet air sombre et dédaigneux qui semblait dire: — je te connais, et je ne veux avoir aucune relation avec toi, — quand sir Kenneth l'empêcha d'exécuter cette résolution, car il s'avança lui-même vers le baron, et, l'abordant avec une politesse froide, il lui dit : — Lord de Vaux de Gilsland, j'ai besoin de vous parler.

— A moi! s'écria le chevalier anglais; soit : mais parlez brièvement, car je suis chargé d'un message de la part du roi.

— Ce que j'ai à vous dire touche le roi Richard encore de plus près, répondit sir Kenneth, car j'espère que je lui rapporte la santé.

Lord de Vaux regarda l'Écossais d'un air incrédule, et lui répondit : — Vous n'êtes pas médecin, à ce que je crois, sire Écossais ; j'aurais cru aussi aisément que vous apportiez la richesse au roi d'Angleterre.

Kenneth, quoique mécontent du ton avec lequel le baron lui répondit, ajouta d'un ton calme : — La santé de Richard est la gloire et la richesse de la chrétienté ; mais le temps presse ; dites-moi, je vous prie, si je puis voir le roi.

— Non certainement, beau sire, jusqu'à ce que vous m'ayez appris plus distinctement quel message vous avez pour lui. La chambre d'un prince malade ne s'ouvre pas à quiconque veut y entrer, comme une hôtellerie dans le Nord.

— La croix que je porte comme vous, milord, et l'importance du sujet qui m'amène, me font une loi de ne pas faire attention, quant à présent, à une conduite qu'en toute autre occasion je ne serais pas disposé à souffrir. Je vous dirai donc distinctement que j'amène un médecin maure qui se charge de rendre la santé au roi Richard.

— Un médecin maure ! et qui me répondra que les remèdes qu'il emploiera ne sont pas du poison ?

— Sa propre vie, milord, sa tête qu'il offre pour garantie.

— J'ai connu plus d'un scélérat résolu qui ne faisait pas de sa vie plus de cas qu'elle ne le méritait, et qui aurait marché à la potence aussi gaiement que s'il s'était agi de danser avec le bourreau.

— Mais voici le fait, milord. Saladin, à qui personne ne refusera l'honneur d'être un ennemi aussi généreux que vaillant, a envoyé ici ce médecin avec une suite et une garde convenables à la haute estime que le soudan accorde à El Hakim; il y a joint des fruits et des rafraîchissemens pour la tente du roi, et un message tel qu'on peut en attendre d'un honorable ennemi, désirant que Richard se guérisse promptement de sa fièvre, afin qu'il soit plus en état de recevoir la visite que le soudan se propose de lui rendre, le cimeterre nu à la main et à la tête de cent mille cavaliers. Vous plaira-t-il, vous qui êtes du conseil privé du roi, d'ordonner qu'on décharge ces chameaux, et qu'on prenne des mesures pour recevoir ce savant médecin?

— C'est merveilleux, dit De Vaux, comme s'il se fût parlé à lui-même; et qui garantira l'honneur de Saladin, quand un acte de mauvaise foi pourrait le débarrasser de son plus puissant ennemi?

— J'en répondrai moi-même sur ma fortune, sur ma vie, sur mon honneur.

— C'est fort étrange, s'écria encore lord de Vaux. Le nord répond du sud, l'Écossais du Turc. Puis-je vous demander, sire chevalier, comment il se fait que vous vous trouviez mêlé dans cette affaire?

— J'ai été absent pour un pèlerinage, milord, et j'étais chargé d'un message pour le saint ermite d'Engaddi.

— Ne pouvez-vous me confier la réponse de ce saint homme, sir Kenneth?

— Non, milord.

— Ignorez-vous, dit l'Anglais avec hauteur, que je suis membre du conseil d'Angleterre?

— Je ne dois pas allégeance à ce pays, milord, quoique, pendant cette guerre, j'aie combattu volontairement sous la bannière du monarque anglais. J'ai été dépêché par le conseil général des rois, princes et chefs suprêmes de l'armée de la croix, et ce n'est qu'à eux que je rendrai compte de ma mission.

— Ah! est-ce ainsi que tu parles? s'écria le fier baron. Apprends, messager des rois et des princes, comme tu peux l'être, qu'aucun médecin n'approchera du lit de Richard d'Angleterre sans le consentement du lord de Gilsland; et malheur à quiconque oserait pénétrer dans sa tente sans l'avoir préalablement obtenu!

Il se détournait avec un air de hauteur quand l'Écossais, s'avançant plus près, et se mettant en face de lui, lui demanda d'un ton calme, mais qui n'était pas non plus sans fierté, si le lord de Gilsland le regardait comme un gentilhomme et comme un bon chevalier.

— Tous les Écossais sont nobles par droit de naissance, répondit sir Thomas avec quelque ironie; mais, sentant lui-même son injustice, et s'apercevant que la rougeur montait au visage de Kenneth, il ajouta : — Vous êtes certes bon chevalier, ce serait un péché d'en douter, surtout pour un homme qui vous a vu vous acquitter avec bravoure et loyauté de votre devoir.

— Eh bien donc! dit le chevalier écossais, satisfait par la franchise de cette dernière déclaration, je vous jure, Thomas de Gilsland, aussi vrai que je suis Écossais, ce que je regarde comme un privilège égal à mon ancienne noblesse, aussi sûr que j'ai reçu l'ordre de la chevalerie, et que je suis venu ici pour acquérir *los* et *renom* dans cette vie mortelle, et le pardon de mes péchés dans celle à venir, enfin au nom de la bienheureuse croix que je porte, que je n'ai d'autre désir que d'assurer la guérison de Richard Cœur-de-Lion, en lui recommandant ce médecin musulman.

L'Anglais fut frappé du ton solennel avec lequel Kenneth venait de lui parler, et il lui répondit avec plus de cordialité qu'il n'en avait encore montré :

— Sire chevalier du Léopard, en vous accordant, ce dont je ne doute pas, que vous êtes parfaitement convaincu de ce que vous venez de me dire, dites-moi si, dans un pays où l'art de l'empoisonnement est aussi généralement pratiqué que celui de la cuisine, j'agirais avec prudence en permettant à un médecin inconnu de faire l'essai de ses drogues sur un prince dont la vie est si précieuse à toute la chrétienté ?

— Tout ce que je puis vous répondre, milord, c'est que mon écuyer, le seul homme de toute ma suite que m'aient laissé pour me servir la guerre et la maladie, a été dangereusement attaqué par la même fièvre qui, en s'emparant du roi Richard, a paralysé le membre le plus essentiel de notre sainte entreprise. Ce médecin, cet El Hakim, lui a donné des soins, il n'y a pas encore deux heures, et déjà il goûte un sommeil rafraîchissant. Je ne doute pas qu'il ne puisse guérir une maladie qui nous a été si fatale ; et ce qui prouve, à mon avis, qu'il a l'intention de le faire, c'est la mission que lui a donnée le soudan, qui est aussi franc et aussi loyal que peut l'être un infidèle aveugle à la vérité de la foi. Quant au succès de ses soins, la certitude d'une récompense s'il réussit, et d'un châtiment exemplaire s'il échoue volontairement, me paraît devoir offrir une garantie suffisante.

L'Anglais l'écouta, les yeux baissés, en homme qui doutait, mais qui ne se refusait pas à la conviction. Enfin, il lui dit en levant les yeux sur lui : — Puis-je voir votre écuyer, beau sire?

Le chevalier écossais hésita, rougit et répondit enfin : — Volontiers, milord ; mais il faut que vous vous rappeliez, quand vous verrez mon humble demeure, que les nobles et les chevaliers d'Écosse ne se nourrissent pas aussi somptueusement, n'ont pas de lits aussi moelleux, et ne recherchent pas un logement aussi magnifique que leurs voisins du nord. Je suis logé pauvrement, lord de Gilsland, ajouta-t-il en prononçant cet adverbe avec une emphase de fierté, tout en conduisant le baron vers sa tente non sans une sorte de répugnance.

Quelles que fussent les préventions du lord de Vaux contre la nation de sa nouvelle connaissance, et sans vouloir nier qu'une partie de ses préjugés n'eussent pris naissance dans la pauvreté de ce peuple qui était passée en proverbe, il avait trop de noblesse d'ame pour jouir de la mortification d'un brave guerrier forcé de faire connaître des besoins que sa fierté aurait voulu pouvoir cacher.

— Honte au soldat de la croix qui peut songer à une splendeur mondaine ou aux frivolités du luxe, dit-il, quand il marche à la conquête de la sainte cité. Quelques privations que nous puissions éprouver, nos souffrances n'auront encore rien de comparable à celles de cette armée de saints et de martyrs, qui, ayant parcouru ces contrées avant nous, portent maintenant des lampes d'or et des palmes toujours vertes.

C'était peut-être le discours le plus métaphorique qu'on eût jamais entendu prononcer par Thomas de Gilsland, d'autant plus que, comme cela arrive quelquefois, il n'exprimait pas tout-à-fait ses sentimens ; car il était partisan de la bonne chère et aimait un ameublement splendide.

Ils arrivèrent bientôt à l'endroit du camp où était le quartier du chevalier du Léopard. D'après toutes les apparences, rien n'y violait les lois de la mortification que devaient s'imposer les croisées, d'après l'opinion que venait d'énoncer lord de Gilsland. Un espace de terrain assez grand pour y placer une trentaine de tentes, suivant les règles de castramétation des croisés, était partie vacant, parce que le chevalier, par ostentation, avait demandé un terrain proportionné au nombre d'hommes qu'il commandait quand il était arrivé, et partie occupé par quelques misérables huttes, construites de branches d'arbres et couvertes de feuilles de palmier. Ces habitations semblaient entièrement désertes, et la plupart tombaient en ruines. La hutte du centre servait de pavillon au chef ; elle était distinguée par la bannière à queue d'hirondelle, placée au haut d'une lance, et dont les longs plis tombaient immobiles sur la terre comme une plante flétrie par les rayons brûlans du soleil de l'Asie. Mais ni pages, ni écuyers, ni même une sentinelle solitaire, ne gardaient cet emblème du pouvoir féodal et du rang du chevalier d'Écosse. Il n'avait pas d'autre garde que sa bonne renommée.

Sir Kenneth jeta un regard mélancolique autour de lui ; mais, maîtrisant son émotion, il entra dans sa hutte, et fit signe au baron de Gilsland de le suivre. Celui-ci promena aussi tout autour de lui un regard curieux qui exprimait la pitié, non sans quelque mélange de mépris ; car elle en est peut-être aussi voisine qu'on prétend qu'elle l'est de l'amour. Baissant alors son superbe cimier, il entra dans cette hutte, dont son front eût touché presque la toiture.

L'ameublement consistait en deux lits : l'un, composé de feuilles sèches, couvertes de la peau d'une antilope, n'était pas occupé ; mais, d'après les différentes armes qui l'entouraient, et un crucifix d'argent placé avec soin et respect au-dessus du chevet, on jugeait que ce devait être celui du chevalier. Sur l'autre était étendu le malade dont sir Kenneth avait parlé. C'était un homme robuste, dont tous les traits étaient saillans, et qui paraissait de moyen âge. Son lit semblait un peu meilleur que celui de son maître. Il était évident que sir Kenneth avait employé, pour rendre plus commode la situation de son écuyer, le grand manteau et les vêtemens que portaient les chevaliers quand ils n'étaient pas revêtus de leurs armes.

La hutte était divisée en deux parties. Dans la première, où le baron entra d'abord, un jeune homme portant des bottines de peau de daim écrue, un bonnet bleu et un pourpoint dont l'ancienne élégance était bien souillée, était accroupi sur ses genoux devant un réchaud rempli de charbon, sur lequel il faisait cuire, sur une plaque de fer, les gâteaux de farine d'orge, qui étaient et qui sont encore aujourd'hui la nourriture favorite des Écossais (1). Un quartier d'antilope était suspendu à l'un des principaux piliers qui soutenaient la hutte; et il n'était pas difficile de deviner comment celui qui l'habitait s'était procuré cette venaison, car un grand lévrier, plus beau que ceux même qui étaient dans le pavillon du roi Richard, était étendu près du réchaud, et semblait considérer les progrès de la cuisson des gâteaux. Quand les deux chevaliers arrivèrent, ce noble animal gronda entre ses dents, en faisant entendre un bruit sourd qu'on aurait pu comparer à celui d'un tonnerre éloigné. Dès qu'il vit son maître, il reconnut sa présence en remuant la queue et en baissant la tête; mais il s'abstint de toute démonstration bruyante de joie, comme si un instinct intelligent lui avait appris qu'il fallait garder le silence près de la chambre d'un malade.

Près du lit de l'écuyer, sur un coussin composé aussi de peaux d'animaux, le médecin maure, dont sir Kenneth avait parlé, était assis sur ses jambes, croisées à la manière des orientaux. Le peu de jour qui pénétrait dans la hutte faisait que tout ce qu'on pouvait distinguer de lui, c'était que la partie inférieure de son visage était couverte d'une longue barbe noire qui lui tombait sur la poitrine; qu'il portait un grand *tolpac*, bonnet tartare de laine d'agneau fabriqué à Astracan, de même couleur que sa barbe, ainsi que l'humble cafetan, ou robe turque, qui l'enveloppait. Deux yeux perçans, qui brillaient d'un éclat peu ordinaire, étaient tout ce qu'on pouvait distinguer de son visage au milieu de l'obscurité.

(1) *The Land of cakes*, est encore la désignation de l'Écosse: (épigraphe des *Contes de mon Hôte*.) — Éd.

Le lord anglais garda le silence, frappé d'une sorte de respect; car, malgré son caractère généralement bourru, la scène d'une détresse et d'une pauvreté endurées avec fermeté, sans plainte ni murmure, aurait en toute occasion fait plus d'impression sur Thomas de Vaux que toute la splendeur de la chambre d'un roi, à moins que cette chambre n'eût été celle du roi Richard. Pendant quelques minutes, on n'entendit que la respiration forte et régulière du malade, qui paraissait goûter un profond repos.

— Il y a six jours qu'il n'avait fermé l'œil, dit sir Kenneth, à ce que m'a assuré le jeune homme qui le garde.

— Noble Écossais, dit Thomas de Vaux en saisissant la main de Kenneth et la serrant avec une cordialité qu'il permettait à peine à ses paroles d'exprimer, cet état de choses ne peut durer davantage; votre écuyer n'est ni assez bien nourri, ni convenablement soigné.

En prononçant ces derniers mots, sa voix avait repris le ton haut et décidé qui lui était habituel. Le sommeil du malade en fut troublé.

— Mon noble maître, sir Kenneth, disait le pauvre écuyer en parlant comme dans un rêve, les eaux de la Clyde ne vous paraissent-elles pas, comme à moi, pures et rafraîchissantes, après les sources saumâtres de la Palestine?

— Il rêve de son pays natal et il est heureux dans ses songes, dit sir Kenneth à lord de Vaux à demi-voix. Mais à peine avait-il prononcé ces mots, que le médecin, quittant la place qu'il avait prise près du lit du malade, et replaçant doucement sur la couche le bras qu'il tenait pour suivre les mouvemens du pouls, s'avança vers les deux chevaliers, leur fit signe de garder le silence, et, les prenant chacun par une main, les conduisit hors de la hutte.

— Au nom d'Issa ben Mariam, que nous honorons comme vous, leur dit-il, quoique ce ne soit pas avec la même superstition aveugle, ne troublez pas l'effet de la potion que je lui ai fait prendre. Le réveil, en ce moment, serait pour lui la mort ou la perte de sa raison ; mais, à l'heure où le Muezzin appelle les fidèles à la prière du soir, du haut du minaret, vous pouvez revenir ; et, s'il reste tranquille jusqu'alors, je vous promets que ce soldat franc sera en état, sans danger pour sa santé, de causer avec vous sur toutes les affaires dont vous pouvez avoir à lui parler tous deux, et surtout son maître.

Les deux chevaliers se retirèrent, cédant au ton d'autorité de ce sage, qui semblait pénétré de la vérité du proverbe oriental, qui dit : — La chambre du malade est le royaume du médecin.

Ils s'arrêtèrent quelques instans ensemble à la porte de la hutte ; Kenneth, comme s'il eût attendu que celui dont il venait de recevoir la visite lui fît ses adieux ; De Vaux, comme s'il avait eu l'esprit occupé de quelque idée qui l'empêchait de les lui faire. Le chien, qui les avait suivis, poussait de son long museau la main de son maître, comme pour lui demander modestement de lui accorder quelque marque d'affection. Il n'en eut pas plus tôt obtenu ce qu'il désirait, sous la forme d'un mot ou d'un geste caressans, que, pour montrer sa joie de son retour et sa reconnaissance de sa bonté, il partit comme un éclair, courant au grand galop, la queue relevée, allant, venant, décrivant des cercles autour des huttes à demi ruinées, mais ne sortant jamais de l'enceinte que son instinct lui faisait connaître comme protégée par la bannière de son maître. Après avoir ainsi gambadé quelques instans, il revint près de sir Kenneth, quitta tout à coup son air de gaieté, et reprit sa gravité ordinaire, comme s'il eût été honteux de s'être laissé entraîner hors des bornes de la modération.

Les deux chevaliers le regardaient avec plaisir, car sir Kenneth était fier avec raison de ce noble animal, et le baron anglais, qui aimait la chasse, était excellent juge du mérite d'un chien.

— Voilà un superbe animal, dit-il; je crois, beau sire, que le roi Richard lui-même n'a pas un *alan* qui lui soit comparable, s'il est aussi habile à la chasse qu'alerte à la course. Mais permettez-moi de vous demander, sans intention de vous faire offense, si vous ne connaissez pas la proclamation qui défend à qui que ce soit, au-dessous du rang de comte, de garder des chiens de chasse dans le camp du roi Richard, à moins d'en avoir obtenu la permission de Sa Majesté. Je ne crois pas, sir Kenneth, qu'elle vous ait été accordée. Je vous parle ici comme maître de la cavalerie.

— Et je vous réponds comme homme libre et comme chevalier écossais, répliqua Kenneth avec fierté. Je sers en ce moment sous la bannière de l'Angleterre; mais je ne me souviens pas de m'être jamais assujetti à son code forestier. Il ne m'inspire même pas assez de respect pour que je m'y soumette. Quand la trompette appelle aux armes, je mets le pied sur l'étrier aussi promptement que qui que ce soit; quand elle sonne la charge, ma lance n'est pas la dernière qui soit en arrêt; mais, pendant mes heures d'inaction et de liberté, le roi Richard n'a pas le droit de me gêner dans mes amusemens.

— C'est pourtant une folie de désobéir aux ordonnances du roi, dit lord de Vaux; ainsi donc, sauf votre bon plaisir, et cette affaire étant dans mes attributions, je vous enverrai une protection pour mon ami que voici.

— Je vous remercie, répondit l'Écossais d'un ton glacial; mais il connaît le terrain qui m'a été assigné, et dans ces limites je puis le protéger moi-même. Cependant, ajouta-t-il en changeant tout à coup de ton et de manières, c'est répondre bien froidement à une offre obligeante. Je vous remercie de tout mon cœur, milord. Les écuyers et les piqueurs du roi pourraient trouver Roswal dans un malheureux moment, et lui faire un mauvais parti, ce dont je ne serais pas long-temps sans les punir, et il pourrait en résulter des suites fâcheuses. Puisque vous avez vu l'intérieur de mon pavillon, milord, ajouta-t-il en souriant, je puis vous dire, sans rougir, que Roswal est mon principal pourvoyeur, et j'espère que notre lion Richard ne sera pas comme le lion de la fable du ménestrel, qui allait à la chasse, et qui gardait pour lui seul tout le butin. Je ne crois pas qu'il refusât à un pauvre gentilhomme une heure de récréation et une pièce de venaison, surtout quand il est assez difficile de se procurer d'autre nourriture.

—Par ma foi, dit le baron, vous ne faites que rendre justice au roi; et cependant il y a dans ce mot *venaison* quelque chose qui semble tourner la tête de nos princes normands.

— Nous avons appris depuis peu par des ménestrels

et des pèlerins, dit l'Écossais, que des bandes nombreuses de proscrits se sont organisées dans les comtés d'York et de Nottingham, et qu'ils ont pris pour chef un audacieux archer nommé Robin Hood, dont le lieutenant se nomme Petit-Jean. Il me semble que Richard agirait sagement en relâchant la rigueur de son code forestier en Angleterre, au lieu de chercher à le faire exécuter dans la Terre-Sainte.

— Mauvaise besogne, sir Kenneth, répliqua De Vaux en levant les épaules avec l'air d'un homme qui veut éviter un sujet d'entretien désagréable ou dangereux; le monde est fou, sire chevalier. Mais il faut que je vous fasse mes adieux, et que je retourne au pavillon du roi. A l'heure de vêpres, je viendrai vous rendre une seconde visite, et causer avec ce médecin infidèle. En attendant, si ce n'était pas vous offenser, je voudrais vous envoyer quelques provisions pour améliorer votre ordinaire.

— Je vous remercie, milord, dit sir Kenneth; mais je n'en ai pas besoin: Roswal a déjà garni mon garde-manger pour quinze jours; car, si le soleil de la Palestine nous envoie des maladies, il nous rend du moins un service en séchant la venaison.

Les deux guerriers se séparèrent beaucoup meilleurs amis qu'ils ne s'étaient rencontrés; mais avant de se retirer, Thomas de Vaux apprit avec plus de détail toutes les circonstances relatives à la mission du médecin maure, et reçut du chevalier écossais les lettres de créance dont Saladin l'avait chargé.

CHAPITRE VIII.

» Un savant médecin, capable de guérir
» Les maux que les mortels sont voués à souffrir,
» Vaut une armée entière. — »

Homère.

— C'est une étrange histoire, sir Thomas, dit le monarque malade après avoir entendu le rapport du fidèle baron de Gilsland ; es-tu sûr que cet Écossais est un homme à qui l'on peut se fier ?

— Je ne sais trop qu'en dire, sire, répondit le lord soupçonneux des frontières ; je suis un peu trop voisin des Écossais pour avoir beaucoup de confiance en eux, les ayant toujours trouvés plus fins que francs. Mais la figure de cet homme, fût-il diable aussi bien qu'Écossais, respire la bonne foi. C'est un témoignage que je dois lui rendre en conscience.

— Et sa conduite comme chevalier, qu'en dis-tu, De Vaux?

— Il appartient mieux à Votre Majesté qu'à moi d'en juger ; et je garantis que vous avez remarqué la manière dont se comporte ce chevalier du Léopard. On en a toujours bien parlé.

— Et c'est avec justice, Thomas. Nous en avons nous-même été témoin. Pourquoi nous plaçons-nous toujours au premier rang les jours de bataille? c'est pour voir comment se comportent nos sujets et nos compagnons, et non par le désir d'accaparer pour nous-même une vaine gloire, comme bien des gens le supposent. Nous connaissons la vanité des éloges des hommes; et ce n'est pas pour les obtenir que nous endossons notre armure.

De Vaux fut alarmé quand il entendit le roi faire une déclaration si peu conforme à son caractère, et il crut d'abord qu'il n'y avait que les approches de la mort qui pouvaient le porter à parler en termes si méprisans de la renommée militaire, seul lien qui semblât l'attacher à la vie. Mais se rappelant qu'il avait rencontré le confesseur de Richard dans la partie du pavillon qui servait d'antichambre, il attribua cette humilité à l'effet des leçons de ce révérend personnage, et laissa parler le monarque sans lui répondre.

— Oui sans doute, ajouta Richard, j'ai remarqué la manière dont ce chevalier fait son devoir dans le combat. Mon bâton de commandement ne vaudrait pas la marotte d'un fou si je ne m'en étais pas aperçu. Il aurait déjà reçu des preuves de nos bontés si nous n'avions aussi remarqué en lui une présomption insolente et audacieuse.

— Sire, dit le baron de Gilsland en voyant le roi

changer de figure, je crains de m'être exposé au déplaisir de Votre Majesté en lui servant d'appui dans ses transgressions.

— Que veux-tu dire, Multon? dit Richard en fronçant le sourcil et avec un ton de surprise et de colère ; toi servir d'appui à son insolence ! impossible !

— Votre Majesté me pardonnera si je lui rappelle que ma place me donne le droit d'accorder aux hommes de bonne naissance la permission de conserver dans le camp un ou deux chiens de chasse, uniquement pour entretenir le bel art de la vénerie; d'ailleurs ce serait un péché que de tuer ou de blesser un si noble lévrier que celui de ce chevalier.

— C'est donc un bien bel animal?

— La créature la plus parfaite qui soit sous le ciel, sire, répondit le baron, enthousiaste sur tout ce qui tenait à la chasse; c'est un limier de la plus belle race du nord, la poitrine large, la croupe vigoureuse, le poil noir sans une tache de blanc, mais avec des raies grises sur la poitrine et sur les jambes, d'une force à terrasser un taureau, d'une agilité à surpasser une antilope.

Le roi sourit de son enthousiasme. — Eh bien, dit-il, tu lui as permis de garder son chien; c'est une affaire finie. Toutefois ne sois pas si prodigue de tes permissions avec ces chevaliers aventuriers qui n'ont ni prince ni chef sur qui ils puissent compter. Ils sont ingouvernables, et ne laisseront pas de gibier dans la Palestine. Mais revenons-en à ce sage païen. Ne dis-tu pas que l'Écossais l'a rencontré dans le Désert?

— Non, sire. Voici quelle est l'histoire de l'Écossais :

il avait été chargé d'une mission pour le vieil ermite d'Engaddi, dont on parle tant, et....

— Mort et enfer! s'écria Richard en tressaillant; quelle était cette mission? Qui la lui avait donnée? Qui a osé envoyer quelqu'un au couvent d'Engaddi, quand la reine y est en pèlerinage pour obtenir du ciel notre guérison?

— C'est le conseil des croisés qui l'y a envoyé, sire. Pour quel objet, c'est ce dont il n'a pas voulu me rendre compte. Je crois qu'on sait à peine dans le camp que la reine est en pèlerinage; moi, du moins, je l'ignorais encore hier; et les princes peuvent avoir partagé la même ignorance, attendu que la reine n'a voulu voir personne depuis que votre affection lui a défendu de venir près de vous, de peur de la contagion.

— Fort bien; c'est ce que nous saurons. Et ainsi donc cet Écossais, cet envoyé, a trouvé un médecin errant dans la grotte d'Engaddi?

— Non, sire; mais c'est près de là, je crois, qu'il a rencontré un émir sarrasin, qu'il a combattu pour éprouver sa valeur, et l'ayant jugé digne d'être en compagnie d'un brave chevalier, ils se sont rendus ensemble, en chevaliers errans, à la grotte d'Engaddi.

Ici De Vaux reprit haleine, car il n'était pas de ces gens qui peuvent conter une longue histoire en une phrase.

— Et y trouvèrent-ils le médecin? demanda le roi avec impatience.

— Non, sire; mais le Sarrasin, apprenant la fâcheuse maladie de Votre Majesté, déclara que Saladin vous enverrait son médecin, et vous donnerait toute assurance de son éminent savoir. En conséquence, le médecin se rendit à la grotte, où l'Écossais l'avait attendu un jour ou deux. Il a une suite semblable à celle que pourrait avoir un prince, des trompettes, des timbales, des esclaves à pied et à cheval, et il apporte une lettre de créance de Saladin.

— A-t-elle été examinée par Giacomo Loredani?

— Je l'ai montrée à l'interprète avant de l'apporter ici, et en voici la traduction en anglais.

Richard prit un parchemin que lui présenta lord De Vaux, et, y ayant jeté les yeux, il le lui remit pour qu'il lui en fît la lecture. Il contenait ce qui suit :

« Au nom d'Allah et de Mahomet, son prophète..... »

— Au diable le chien! dit Richard en crachant par mépris et en forme d'interjection.

« Saladin, roi des rois, soudan d'Égypte et de Syrie, la lumière et le refuge de la terre, au grand Melec Ric, Richard d'Angleterre, salut. Attendu que nous avons été informé que la main de la maladie s'est appesantie sur toi, notre royal frère, et que tu n'as près de toi que des médecins nazaréens et juifs, qui travaillent sans la bénédiction d'Allah et de notre saint prophète..... »

— Confusion sur sa tête! murmura Richard, interrompant une seconde fois la lecture.

« Nous t'envoyons, pour te soigner en ce moment, le médecin de notre personne, Adonebec El Hakim, devant la face duquel l'ange Azrael déploie ses ailes et quitte la chambre du malade; il connaît toutes les vertus des herbes et des pierres; le chemin du soleil, de la lune et des étoiles, et il peut sauver l'homme de tout ce qui n'est pas écrit sur son front. Nous faisons ceci en te priant cordialement d'honorer sa science et de t'en servir, non-seulement parce que nous désirons rendre service à ton mérite et à ta valeur, qui est la gloire de toutes les nations du Frangistan (1), mais encore pour que nous puissions mettre fin à la querelle qui existe maintenant entre nous, soit par un traité honorable, soit en mesurant nos armes en rase campagne ; attendu qu'il ne convient ni à ton rang ni à ton courage de mourir de la mort d'un esclave épuisé par un travail excessif ; et qu'il ne convient pas à notre réputation qu'un ennemi si brave soit soustrait à nos armes par la maladie. Et c'est pourquoi puisse le saint pro..... »

— Assez ! assez ! s'écria Richard ; que je n'entende plus le nom de son chien de prophète ! J'ai des nausées quand je pense que le vaillant et digne soudan croit en un chien mort. Oui, je verrai son médecin ; je répondrai à la générosité du noble païen ; je le rencontrerai sur le champ de bataille, comme il le propose bravement, et il n'aura pas sujet d'accuser d'ingratitude Richard d'Angleterre. Je le terrasserai avec ma masse d'armes ; je le convertirai à la sainte Église en lui portant des coups comme il en a rarement reçu ; il abjurera ses erreurs devant la croix qui forme la poignée de ma bonne épée, et je le ferai baptiser sur le champ de bataille. Mon propre casque servira à contenir l'eau purifiante, quand elle devrait être teinte de son sang et du mien. Hâte-toi donc, Thomas Multon ; pourquoi tardes-tu à accélérer un dénouement si agréable ? Amène-moi cet El Hakim.

— Sire, répondit De Vaux, qui dans cette confiance qui lui paraissait excessive voyait peut-être un redou-

---

(1) L'Europe. — Éd.

blement de fièvre, songez que le soudan est un païen ; que vous êtes son plus formidable ennemi.

— C'est pour cette raison qu'il doit être plus porté à me rendre service en ce moment, de peur que ce ne soit une misérable fièvre qui mette fin à la querelle de deux rois comme nous. Je te dis qu'il m'aime comme je l'aime, comme de nobles ennemis s'aiment toujours. Sur mon honneur, ce serait pécher que de douter de sa bonne foi.

— Cependant, sire, il vaudrait mieux attendre le résultat des soins qu'il donne à l'écuyer de l'Écossais. Ma vie en dépend ; car je mériterais de mourir de la mort d'un chien si, agissant inconsidérément dans cette affaire, j'allais causer le naufrage de toutes les espérances de la chrétienté.

— Je n'ai jamais vu la crainte de la mort te faire hésiter ainsi, dit Richard d'un ton de reproche.

— Et je n'hésiterais pas encore, sire, s'il ne s'agissait de votre vie comme de la mienne.

— Eh bien, homme soupçonneux, va donc voir quels progrès fait la guérison de cet écuyer. Je voudrais presque que ce médecin me tuât s'il ne doit pas me guérir, car je suis las d'être étendu ici comme un bœuf mourant d'une épidémie quand j'entends les tambours battre, les chevaux hennir et les trompettes sonner.

Le baron partit à la hâte, résolu pourtant de communiquer sa mission à quelque ecclésiastique ; car il sentait un certain poids sur sa conscience à l'idée de voir un infidèle donner des soins à son maître.

L'archevêque de Tyr fut celui à qui il confia d'abord ses doutes, connaissant le crédit qu'il avait sur l'esprit de son maître Richard, qui aimait et honorait ce prélat plein de sagacité. L'archevêque écouta les doutes que De Vaux lui exposa, avec cette finesse qui distingue le clergé catholique romain. Il traita les scrupules religieux du chevalier avec autant de légèreté que les convenances lui permettaient d'en montrer devant un laïque sur un pareil sujet.

— Les médecins, dit-il, peuvent être utiles quand même ils seraient par leur naissance et leurs manières les derniers des hommes, de même que les remèdes qu'ils emploient peuvent nous soulager, quoiqu'ils soient souvent extraits des matières les plus viles. On peut donc, au besoin, employer l'assistance des païens et des infidèles, et il y a même lieu de croire que, s'il leur est permis de rester sur la terre, c'est pour qu'ils soient de quelque utilité aux vrais croyans. C'est ainsi que nous faisons légalement esclaves les captifs païens. D'ailleurs il n'y a nul doute que les premiers chrétiens n'employassent l'aide des païens non convertis : ainsi dans le navire sur lequel le bienheureux apôtre saint Paul fit voile pour l'Italie, les matelots étaient sans contredit païens ; et cependant que dit le saint quand on eut besoin de leur ministère ? *Nisi hi in navi manserint, vos salvi fieri non potestis.* — A moins qu'ils ne restent sur le bâtiment, vous ne pouvez être sauvés. — Ensuite les juifs sont infidèles au christianisme aussi-bien que les musulmans : cependant il y a dans le camp bien peu de médecins qui ne soient juifs, et l'on s'en sert sans scandale et sans scrupule. On peut donc également se servir des mahométans : *quod erat demonstrandum* (1).

(1) Voilà ce que vous vouliez savoir. — Tr.

Ce raisonnement ne laissa aucun doute dans l'esprit de Thomas de Vaux, sur qui les citations latines firent surtout une impression particulière, attendu qu'il n'en comprenait pas un seul mot.

Mais le prélat ne se prononça pas avec la même promptitude quand il fut question de savoir s'il n'y avait pas lieu de craindre quelque trahison de la part des Sarrasins, et il ne discuta pas cette question avec la même volubilité. Le baron lui montra la lettre de créance; il la lut, la relut, et compara l'original à la traduction.

— C'est un ragoût bien apprêté pour flatter le palais du roi Richard, dit-il, et je ne puis écarter entièrement les soupçons que m'inspirent ces rusés Sarrasins. Ils sont versés dans la connaissance des poisons, et ils savent les préparer de manière à ce qu'ils ne produisent leur effet qu'au bout de plusieurs semaines, de sorte que celui qui les a administrés a le temps d'échapper à la punition. Ils peuvent imprégner du venin le plus subtil le drap, le cuir, et même le papier et le parchemin. Que Notre-Dame me pardonne! Et pourquoi donc, sachant cela, gardé-je si long-temps cette lettre entre mes mains? Reprenez-la, sir Thomas, reprenez-la bien vite.

Il étendit le bras à la hâte pour la rendre au baron, et ajouta : — Allons, milord, rendons-nous à la tente de cet écuyer malade, et voyons si cet Hakim possède réellement l'art de guérir, comme il le prétend. Nous examinerons ensuite s'il convient de lui permettre d'exercer son art sur le roi Richard. Un instant cependant; laissez-moi le temps de prendre ma boîte à aromates, car ces fièvres sont contagieuses. Je vous conseillerais, milord, de vous servir de romarin sec trempé dans le vinaigre. Et moi aussi je connais quelque chose de l'art de guérir.

— Je remercie Votre Révérence, répondit Thomas de Gilsland ; mais il y a long-temps que j'aurais gagné la contagion près du lit de mon maître, si j'en étais susceptible.

L'archevêque de Tyr rougit, car il avait évité, autant qu'il l'avait pu, de se trouver en présence du monarque depuis qu'il était malade. Il dit au baron de lui montrer le chemin, et ils arrivèrent bientôt à la porte de la misérable hutte qui servait de pavillon au chevalier du Léopard.

Bien certainement, milord, dit le prélat à De Vaux, ces Écossais ont moins d'égards pour leurs serviteurs que nous n'en avons pour nos chiens. Voici un chevalier qui est, dit-on, d'une bravoure à toute épreuve, et qui mérite d'être élevé aux plus hautes charges avec le temps. Eh bien, il place son écuyer dans un logement qui ne vaut pas le plus mauvais chenil d'Angleterre. Que dites-vous de vos voisins, milord?

— Qu'un maître fait assez pour son serviteur quand il le loge aussi bien que lui-même, répondit De Vaux en entrant dans la hutte.

L'archevêque le suivit, non sans une répugnance visible ; car, quoiqu'il ne manquât pas de courage sous certains rapports, ce courage s'associait à un soin particulier de sa sûreté. Cependant il se rappela la nécessité où il se trouvait de juger personnellement de la science du médecin maure, et il entra dans la hutte avec un air de majesté, propre, comme il le croyait, à inspirer du respect à ce savant étranger.

Le prélat avait réellement une figure imposante ; il avait été dans sa jeunesse un des plus beaux hommes de son temps, et même à un âge avancé il n'était pas fâché de le paraître encore. Ses vêtemens épiscopaux étaient de la plus grande richesse, garnis de la fourrure la plus précieuse, et recouverts d'un rochet de magnifique dentelle. Les anneaux de ses doigts auraient payé une belle baronnie. Son camail, alors rejeté en arrière à cause de la chaleur, laissait voir des agrafes de l'or le plus pur quand il voulait s'en couvrir. Sa longue barbe, argentée par l'âge, descendait sur sa poitrine. Un des deux jeunes acolytes qui le suivaient lui procurait une ombre artificielle, suivant l'usage de l'Orient, en lui couvrant la tête d'un parasol de feuilles de palmier, et l'autre le rafraîchissait en agitant un éventail de plumes de paon.

Lorsque l'archevêque de Tyr entra dans la hutte, le chevalier écossais ne s'y trouvait pas. Le médecin maure qu'il venait voir était assis, les jambes croisées, sur une natte de feuilles entrelacées, dans la même attitude où De Vaux l'avait trouvé quelques heures auparavant, à côté du lit du malade, qui paraissait profondément endormi, et dont il tâtait le pouls de temps en temps. Le prélat resta debout devant lui en silence deux ou trois minutes, attendant qu'il le saluât avec respect, et espérant du moins l'éblouir par l'éclat de sa dignité. Mais Adonebec ne lui donna d'autre marque d'attention que de jeter sur lui un regard en passant ; et quand l'archevêque l'eut enfin salué en langue franque, moyen de communication ordinaire dans tout l'Orient, le médecin se borna à lui répondre par le salut ordinaire des Orientaux : *Salam alicum.* Que la paix soit avec vous !

— Es-tu médecin, infidèle? lui demanda le prélat, un peu mortifié d'un accueil si froid ; je voudrais causer avec toi relativement à ton art.

— Si tu connais quelque chose à la médecine, répondit El Hakim, tu devrais savoir que les médecins n'entrent ni en consultation ni en discussion dans la chambre de leur malade. Écoute, ajouta-t-il en entendant le chien gronder sourdement dans la division extérieure de la hutte, cet animal même pourrait te donner une leçon de raison. Ulema, son instinct, lui apprend à aboyer tout bas quand un malade pourrait l'entendre. Sors de la tente si tu as quelque chose à me dire.

A ces mots il se leva, et se disposa lui-même à quitter la hutte.

Malgré la simplicité du costume du médecin maure et l'infériorité de sa taille, qui faisait contraste avec celle du prélat majestueux et la stature gigantesque du baron anglais, il y avait dans ses manières et dans sa contenance quelque chose qui empêcha l'archevêque de Tyr d'exprimer tout le mécontentement que lui faisait éprouver cette mercuriale peu cérémonieuse. Quand ils furent sortis de la hutte, il regarda Adonebec en silence pendant quelques instans, ne sachant trop comment renouer la conversation. Pas une seule boucle de cheveux ne s'échappait de dessous le grand bonnet que portait le Maure, dont le front, à demi couvert, semblait large et élevé, et, de même que la partie de ses joues qui n'était pas ombragée par une barbe épaisse, n'offrait pas une seule ride. Nous avons parlé déjà de ses yeux noirs et perçans.

Le prélat, frappé de l'air de jeunesse d'Adonebec, rompit enfin une longue pause que le Maure ne semblait pas pressé d'interrompre, en lui demandant quel âge il avait.

— Les années des hommes ordinaires, répondit El Hakim, se comptent par leurs rides, celles des sages par leurs études. Je n'ose me dire âgé de plus de cent révolutions de l'hégire (1).

Le baron de Gilsland, qui prit ces paroles pour une déclaration formelle faite par le médecin qu'il était centenaire, jeta un regard inquiet sur le prélat, qui, quoiqu'il comprit mieux ce que voulait dire El Hakim, lui répondit en secouant la tête d'un air de mystère. Il reprit ensuite son ton important, et demanda à Adonebec quelle preuve il pouvait donner de ses talens en médecine.

— Vous avez la parole du puissant Saladin, répondit le sage en portant la main à son turban, en signe de respect, parole à laquelle il n'a jamais manqué, ni envers ses amis ni envers ses ennemis ; que peux-tu me demander de plus, Nazaréen ?

— Je voudrais une preuve visible de ta science, dit le baron ; sans cela tu n'approcheras pas du lit du roi Richard.

— La preuve des talens du médecin, répondit El Hakim, est la guérison du malade. Regarde ce soldat dont le sang a été desséché par la fièvre qui a couvert votre camp d'ossemens blanchis, et contre laquelle l'art de vos médecins nazaréens n'a été que ce que serait un pourpoint de soie contre une lame d'acier ; regarde ses doigts et ses bras aussi décharnés que les pattes de la

---

(1) Voulant dire qu'il ne possédait que les talens qu'on pourrait avoir acquis en cent ans. (*Note de l'auteur écossais.*)

grue. Ce matin la mort avait la main sur lui ; mais Azrael était d'un côté de sa couche, j'étais de l'autre, et son ame ne sera pas séparée de son corps. Ne me troublez point par d'autres questions ; mais attendez l'instant critique, et admirez en silence l'événement merveilleux.

Le médecin eut alors recours à son astrolabe, l'oracle de la science en Orient, et ayant attendu avec une grave précision que le moment de la prière du soir fût arrivé, il se mit à genoux, le visage tourné du côté de la Mecque, et récita les prières par lesquelles le musulman termine les travaux de la journée. L'archevêque et le baron anglais se regardaient avec un air de mépris et d'indignation ; mais ni l'un ni l'autre ne jugea à propos d'interrompre El Hakim dans ses exercices de dévotion profane.

Enfin le Maure prosterné se releva, et, rentrant dans la hutte où son malade était étendu, il prit dans une petite boîte d'argent une éponge peut-être imbibée de quelque liqueur aromatique, car lorsqu'il l'eut approchée du nez de l'écuyer celui-ci éternua, s'éveilla, et regarda autour de lui d'un air égaré. Il offrait un spectacle bien propre à émouvoir la pitié, couché comme il l'était presque nu sur son lit ; ses os et ses cartilages étaient visibles à travers sa peau, comme s'ils n'eussent jamais été revêtus de chair ; son visage était comme tendu et couvert de rides. Cependant ses yeux, qui avaient d'abord paru égarés, prirent bientôt un air plus calme ; il parut s'apercevoir de la présence des deux nobles seigneurs qui étaient dans la hutte, et il demanda d'une voix faible et respectueuse où était son maître.

— Nous connaissez-vous, vassal? lui dit lord de Vaux.

— Pas précisément, répondit l'écuyer; mais je vois à votre croix rouge que vous êtes un grand baron anglais, et je crois que cet autre seigneur est un saint prélat dont je demande la bénédiction pour un pauvre pécheur.

— Tu l'auras, dit l'archevêque : *Benedictio Domini sit tecum*, et il le bénit en faisant un signe de croix, mais sans approcher du lit.

— Vous voyez de vos propres yeux, dit Adonebec, que la fièvre a été subjuguée. Il parle avec calme; il a recouvré la mémoire; son pouls est aussi tranquille que le vôtre. Assurez-vous-en vous-même.

L'archevêque ne se soucia pas de faire cette expérience; mais Thomas de Gilsland, plus déterminé, prit le bras du malade, lui tâta le pouls, et se convainquit qu'il n'avait plus de fièvre.

— C'est véritablement une merveille, dit le chevalier en regardant le prélat; cet homme est certainement guéri. Il faut que je conduise sur-le-champ ce médecin dans la tente du roi Richard. Qu'en pense Votre Révérence?

— Un instant, dit El Hakim, laissez-moi finir une cure avant d'en commencer une autre. Je vous accompagnerai quand j'aurai donné à mon malade une seconde dose de ce saint élixir.

A ces mots il prit une coupe d'argent, et la remplit d'une eau qu'il puisa dans une gourde placée près du lit. Prenant ensuite un petit sac formé de mailles étroites de soie et d'argent, de manière que l'œil des spectateurs ne pouvait découvrir ce qu'il contenait, il le plongea dans la coupe, et l'y laissa cinq minutes, pendant lesquelles il garda le silence. Pendant cette opération le baron crut remarquer dans l'eau un mouvement d'effervescence; mais, s'il eut lieu, il ne dura qu'un instant.

— Buvez ceci, dit le médecin au malade, dormez ensuite, et soyez guéri en vous éveillant.

— Et c'est avec un breuvage si simple en apparence que tu prétends guérir un monarque? dit l'archevêque de Tyr.

— Tu vois qu'il a guéri un mendiant, répondit le sage. Les rois sont-ils faits d'une autre argile dans le Frangistan?

— Conduisons-le sur-le-champ près du roi, dit le baron de Gilsland. Il a prouvé qu'il possède le secret qui peut lui rendre la santé. S'il n'en fait pas usage, je le traiterai de manière que tous les secrets de la médecine lui deviendront inutiles.

Comme ils allaient sortir de la hutte, le malade, élevant la voix autant que sa faiblesse le lui permettait, s'écria : - Révérend prélat, noble chevalier, et vous, digne médecin, si vous voulez que je recouvre le sommeil et la santé, dites moi par charité ce qu'est devenu mon cher maître.

— Il est en voyage, l'ami répondit le prélat, et chargé d'une mission honorable qui peut le retenir encore quelques jours.

— Pourquoi tromper ce pauvre diable? dit le baron de Gilsland. — L'ami, ton maître est de retour dans le camp, et tu ne tarderas pas à le voir.

Le malade leva ses bras maigris vers le ciel comme pour le remercier, et, ne résistant plus à la vertu narcotique du breuvage qu'il venait de prendre, il s'endormit d'un sommeil paisible.

— Vous êtes meilleur médecin que moi, sir Thomas, dit l'archevêque : un mensonge calmant convient mieux à la chambre d'un malade qu'une vérité désagréable.

— Que veut dire Votre Révérence? demanda De Vaux avec vivacité; croyez-vous que je voudrais faire un mensonge pour sauver la vie d'une douzaine de pareils êtres?

— Vous avez dit, répondit le prélat avec des signes manifestes d'alarme, que le maître de cet écuyer était de retour, le chevalier du Léopard, je veux dire.

— Il est effectivement de retour, dit De Vaux; il n'y a que quelques heures que je lui ai parlé. Ce savant médecin est venu avec lui.

— Sainte Vierge! s'écria l'archevêque avec un trouble évident, et pourquoi ne m'avez-vous pas dit qu'il était revenu?

— Ne vous ai-je pas dit que c'était le chevalier du Léopard qui avait ramené ici le médecin? Je croyais vous l'avoir dit, répondit De Vaux avec un air d'insouciance. Qu'importe au surplus? son retour n'a rien de commun avec la science de ce médecin ni avec la santé de Sa Majesté.

— Son retour est important, sir Thomas, très-important, dit l'archevêque en joignant les mains, en pressant fortement la terre du pied, et en donnant d'autres signes d'impatience comme involontairement. Mais où peut être allé maintenant ce chevalier? Que le ciel nous protège! Il peut y avoir ici quelque fatale méprise.

— Ce jeune serf qui est dans la première pièce, dit De Vaux, non sans être surpris de l'émotion du prélat, pourra peut-être nous dire ce qu'est devenu son maître.

Il appela le jeune homme dont nous avons déjà parlé, et celui-ci, dans un langage presque inintelligible pour eux, réussit pourtant à leur faire comprendre qu'un officier était venu chercher son maître de la part du roi quelques instans avant leur arrivée. L'inquiétude de l'archevêque monta alors au plus haut degré, et elle devint évidente pour De Vaux, quoiqu'il ne fût ni bon observateur ni d'un caractère soupçonneux. Il prit congé à la hâte du chevalier, qui, le regardant avec étonnement pendant qu'il s'en allait, et levant les épaules en silence, conduisit le médecin maure à la tente du roi Richard.

CHAPITRE IX.

> « Le soupçon est une lourde armure,
> » Dont le poids accablant, bien loin de protéger,
> » Pour celui qui la porte est un nouveau danger. »
>
> Lord Byron.

Le baron de Gilsland marchait à pas lents, et l'inquiétude peinte sur le visage, pour se rendre au pavillon du roi. Il se méfiait lui-même de sa capacité, excepté sur le champ de bataille; et, sachant qu'il n'avait pas l'intelligence très-vive, il se contentait ordinairement d'être surpris des circonstances qu'un homme doué d'une imagination plus ardente aurait cherché à expliquer et à comprendre, ou dont il aurait fait du moins le sujet de ses réflexions. C'était pourtant une chose fort extraordinaire, même pour lui, que l'archevêque, perdant de vue tout à coup la cure merveilleuse dont ils venaient d'être témoins, et l'espoir qu'elle paraissait donner que Richard pourrait recouvrer la santé, pour ne s'occuper que de la nouvelle insignifiante du retour d'un pauvre chevalier écossais, l'être le moins important et le plus à dédaigner que Thomas de Gilsland connût parmi les hommes de sang noble; et, malgré l'habitude qu'avait contractée son esprit de rester passif au milieu des événemens, l'imagination du baron faisait des efforts extraordinaires pour former des conjectures sur la véritable cause de ce phénomène.

L'idée qui se présenta enfin à lui fut que ce pouvait être le résultat d'une conspiration contre le roi Richard, formée dans le camp des alliés, et à laquelle l'archevêque de Tyr, que bien des gens regardaient comme un politique peu scrupuleux, pouvait fort bien avoir pris part. Il était vrai que dans son opinion il n'existait personne qui fût aussi parfait que son maître; car Richard étant la fleur de la chevalerie, le chef de tous les chefs chrétiens, et obéissant en tout point aux ordres de la sainte Eglise, les idées que se faisait De Vaux de la perfection n'allaient pas plus loin. Il savait pourtant que, sans l'avoir aucunement mérité, son maître, en déployant ses grandes qualités, avait toujours été l'objet des reproches et de la malveillance autant que des éloges et de l'attachement, et que jusque dans le camp des chrétiens, au milieu des princes voués à la croisade par un vœu solennel, plusieurs auraient volontiers sacrifié toute espérance de victoire au plaisir de perdre ou du moins d'humilier Richard d'Angleterre.

— Il n'est donc nullement impossible, se disait le

baron à lui-même, que cet El Hakim, avec sa cure véritable ou prétendue, opérée sur un écuyer écossais, le chevalier du Léopard lui-même, ne soient que les complices d'une ruse à laquelle l'archevêque de Tyr, tout prélat qu'il est, pourrait avoir pris part.

Cette hypothèse, à la vérité, ne pouvait se concilier aisément avec l'alarme qu'avait montrée le prélat en apprenant que, contre son attente, le chevalier écossais était déjà de retour dans le camp des croisés; mais De Vaux ne se laissait influencer que par ses préjugés généraux, et ils le portaient à regarder comme certain qu'un prêtre italien intrigant, un Écossais à cœur faux, et un médecin païen, étaient une association dont on pouvait extraire tout le mal possible, plutôt que rien de bon. Il résolut pourtant de faire part de ses doutes à Richard, car il avait une opinion presque aussi haute de son jugement que de sa valeur.

Cependant il s'était passé pendant ce temps des événemens tout-à-fait contraires aux suppositions que venait de faire Thomas de Vaux. A peine avait-il quitté le pavillon du roi, que Richard, soit par suite d'une agitation fiévreuse, soit en se livrant à l'impatience qui lui était naturelle, commença à murmurer du délai qu'il mettait à revenir, et à montrer un violent désir de le revoir. Il avait assez de bon sens pour essayer de calmer par la raison une impatience qui ne faisait qu'augmenter la maladie; il fatigua ses officiers en leur demandant de le distraire; mais ce fut en vain qu'il eut recours au bréviaire du prêtre, au roman du clerc, et à la harpe de son ménestrel favori. Enfin, environ deux heures avant le coucher du soleil, et par conséquent long-temps avant qu'il pût attendre un compte satisfaisant de la cure que le médecin maure avait entreprise, il envoya, comme nous le savons déjà, un de ses officiers porter au chevalier du Léopard l'ordre de se rendre sur-le-champ en sa présence, espérant calmer son impatience en se faisant donner par sir Kenneth des détails plus étendus sur la cause de son absence du camp et sur sa rencontre avec ce célèbre médecin.

Le chevalier écossais, mandé ainsi en présence du roi, se présenta devant lui en homme pour qui un pareil honneur n'avait rien d'étrange. Richard le connaissait à peine de vue, quoique, aussi jaloux de son rang que constant dans son adoration de la dame de ses secrètes pensées, il ne se fût jamais absenté dans aucune de ces occasions où la munificence et l'hospitalité de l'Angleterre ouvraient la cour du monarque à tout ce qui tenait un certain rang dans la chevalerie. Il s'approcha du lit du roi, qui avait les yeux fixés sur lui, fléchit le genou un instant, se releva, et resta debout dans une attitude convenable à un officier qui est en présence de son souverain, annonçant la déférence et le respect, mais non la servilité et l'humilité.

— Ton nom est Kenneth du Léopard, dit le roi; de qui as-tu reçu l'ordre de la chevalerie ?

— De l'épée de William, le Lion d'Écosse (1), sire, répondit l'Écossais.

— C'est une arme bien digne de conférer cet honneur, dit Richard; et l'épaule qu'elle a touchée n'était pas indigne de le recevoir. Nous t'avons vu te comporter en vaillant chevalier dans la mêlée et dans les momens

(1) William Vallace. — Éd.

les plus critiques, et tu ne dois pas ignorer que tes services nous étaient connus; mais ta présomption à d'autres égards a été telle, que la plus grande récompense qu'ils puissent t'obtenir c'est le pardon de ta faute. Qu'en dis-tu?

Kenneth essaya de parler; mais il ne put que balbutier quelques mots. Le sentiment intime de son amour trop ambitieux, le regard perçant de Richard, qui semblait vouloir pénétrer jusque dans les replis les plus secrets de son cœur, tout se réunit pour le déconcerter.

— Cependant, ajouta le roi, quoique les soldats doivent obéir à leur chef, et les vassaux respecter leur seigneur suzerain, nous pourrions pardonner à un brave chevalier une faute plus sérieuse que celle de garder un chien de chasse, contre la teneur de nos ordres promulgués.

Richard, en parlant ainsi, avait toujours les yeux fixés sur le chevalier, qui se trouva évidemment soulagé par la tournure que le roi venait de donner à une accusation conçue en termes si généraux. Cette remarque n'échappa point à Cœur-de-Lion, et il en sourit intérieurement.

— Sauf votre bon plaisir, sire, dit Kenneth, Votre Majesté doit avoir quelque indulgence à cet égard pour nous autres pauvres gentilshommes écossais. Nous sommes bien loin de notre patrie; nos revenus sont modiques, et nous ne pouvons nous soutenir comme vos nobles, qui trouvent du crédit chez les lombards. Les Sarrasins en sentiront mieux nos coups, si nous pouvons ajouter de temps en temps un morceau de venaison à nos légumes et à notre pain de farine d'orge.

— Tu n'as pas besoin de m'en demander la permission, puisque Thomas de Vaux, qui, comme tout ce qui m'entoure, fait tout ce que bon lui semble, t'a déjà accordé le droit de chasser au poil et à la plume.

— Non pas à la plume, sire. Mais s'il plaisait à Votre Majesté de m'accorder aussi le privilège de la chasse au vol, et de me placer un faucon sur le poing, je me flatte que je pourrais fournir quelques oiseaux d'élite pour sa table royale.

— Je crois que, si tu avais une fois le faucon, tu aurais peine à attendre la permission. Je sais qu'on dit que nous autres princes de la maison d'Anjou nous sommes aussi courroucés d'une contravention à notre code forestier que nous le serions d'un acte de haute trahison contre notre couronne; et cependant nous pouvons pardonner la première de ces fautes à de braves gens qui nous en paraissent dignes. Mais parlons d'autre chose. Je désire savoir de vous, sire chevalier, pourquoi et par ordre de qui vous avez récemment fait un voyage dans le désert de mer Morte et à Engaddi.

— Par ordre du conseil des princes de la sainte croisade, sire.

— Et comment quelqu'un a-t-il osé donner un pareil ordre, quand moi, qui ne suis certainement pas le dernier de la ligue, je n'en étais pas informé?

— C'est une question qu'il ne m'appartenait pas de faire, sire. Je suis soldat de la croix, servant sans contredit, quant à présent, sous la bannière de Votre Majesté, et fier d'en avoir obtenu la permission; mais j'ai pris ce symbole sacré pour soutenir les droits de la chrétienté, et coopérer à la délivrance du saint sépulcre: par conséquent je suis tenu d'obéir aux ordres des princes et des chefs qui dirigent cette sainte entreprise, sans avoir le droit de leur en demander les motifs. Je dois regretter, avec toute la chrétienté, qu'une indisposition vous empêche, momentanément j'espère, d'assister à leurs conseils, où votre voix est si puissante; mais, comme soldat, je dois obéir à ceux qui ont un droit légitime de commander, sans quoi je donnerais un mauvais exemple à tout le camp.

— Tu as raison; ce n'est pas toi qu'il faut blâmer, mais ceux à qui je saurai en demander bon compte, quand il plaira à Dieu de me relever de cette maudite couche de douleur et d'inaction. Quel était l'objet de ton message?

— C'est une question, sire, qu'il vaudrait mieux adresser à ceux qui m'en ont chargé, et qui peuvent rendre compte des motifs de mon voyage. Quant à moi, je ne pourrais parler que des circonstances extérieures.....

— Ne biaise pas avec moi, sire Écossais, s'écria le monarque irascible, si tu fais quelque cas de ta vie.

— De ma vie, sire! répondit le chevalier avec fermeté; je l'ai regardée comme une chose à laquelle je ne devais plus faire attention, quand je me suis dévoué à cette glorieuse entreprise, et j'ai été dès lors plus occupé des intérêts de mon ame immortelle que de ceux de mon corps périssable.

— Par la messe, tu es un brave! s'écria Richard. Écoute-moi, sire chevalier; j'aime les Écossais; ils sont intrépides, quoique têtus et opiniâtres, et je crois qu'au fond ils sont francs, quoique des raisons d'état les aient quelquefois forcés à dissimuler. Je mérite d'avoir quelque part dans leur affection, car j'ai fait volontairement pour eux ce qu'ils n'auraient pas pu m'arracher par les armes plus aisément qu'à mes prédécesseurs. J'ai reconstruit les forteresses de Roxburgh et de Berwick, qui sont engagées à l'Angleterre ; j'ai rétabli vos anciennes limites ; j'ai cherché à me faire des amis honorables et indépendans dans un pays où les anciens rois d'Angleterre n'avaient voulu que s'assujettir des vassaux mécontens et rebelles.

— Oui, sire, vous avez fait tout cela par suite du traité que vous avez conclu à Cantorbéry avec notre souverain. Et c'est pourquoi vous me voyez ici avec beaucoup d'autres Écossais valant mieux que moi, pour combattre sous vos bannières contre les infidèles, tandis que sans cela nous serions en ce moment occupés à ravager vos frontières en Angleterre. Si le nombre de mes compatriotes est maintenant peu considérable, c'est parce qu'ils ont été prodigues de leur vie.

—J'en conviens ; mais, pour prix des services que j'ai rendus à votre pays, je vous demande de vous rappeler que, comme principal membre de cette ligue chrétienne, j'ai droit de connaître les négociations de mes confédérés. Rendez-moi donc ce qui m'est dû, en m'apprenant ce que j'ai droit de savoir, et ce que je suis certain que vous me direz avec plus de vérité que tout autre.

— Conjuré de cette manière, sire, je vous dirai la vérité, car je suis bien convaincu que vous marchez vers le but de notre entreprise avec des intentions droites et honorables, et c'est ce que je n'oserais dire des autres chefs de la sainte ligue. Vous saurez donc que ma mission était de proposer, par l'intervention de l'ermite d'Engaddi, saint homme respecté et protégé par Saladin lui-même.....

— Une prolongation de la trève sans doute? dit Richard en l'interrompant.

— Non, par saint André! sire, mais l'établissement d'une paix durable, et la retraite de nos armées de la Palestine.

— Saint George! s'écria Richard, quelque mauvaise idée que j'eusse d'eux avec raison, je ne les aurais pas crus capables de s'humilier jusqu'à un tel point de déshonneur. Et comment vous êtes-vous chargé d'un tel message? répondez, sir Kenneth.

— Dans les meilleures intentions, sire; parce qu'étant privés du noble chef qui me portait seul à espérer des succès, je ne voyais personne qui pût le remplacer pour nous conduire à la victoire; et, en de telles circonstances, je croyais qu'il était prudent d'éviter une défaite.

— Et à quelles conditions devait se conclure cette paix glorieuse? demanda le roi, maîtrisant avec peine sa colère.

— Elles ne m'ont pas été confiées, sire; je les ai remises à l'ermite sous le sceau du conseil.

— Et pour qui prenez-vous ce révérend ermite? Pour un fou? pour un traître? pour un saint?

— Je crois, sire, répondit le prudent Écossais, que sa folie est un masque dont il se sert pour obtenir les bonnes graces et le respect des païens, qui regardent les hommes privés de raison comme des êtres inspirés par le ciel. Du moins il m'a paru que la folie ne se montrait en lui que suivant les occasions, et qu'elle ne se mêlait pas dans toutes les actions de sa vie, comme cela se voit quand la folie est véritable.

— Prudemment répondu, dit le monarque en se

laissant retomber sur son oreiller, d'où il s'était à demi soulevé. Et sa pénitence ?

— Elle me paraît sincère, sire, et occasionée par le remords de quelque grand crime pour lequel il semble se croire condamné à la réprobation.

— Et ses sentimens sur la guerre ?

— Il semble désespérer de la sûreté de la Palestine comme de son propre salut, à moins de l'intervention d'un miracle, du moins depuis que le bras de Richard d'Angleterre a cessé de pouvoir frapper.

— La tâche politique de cet ermite est donc semblable à celle de ces misérables princes qui, oubliant leur rang de chevalier et leur foi, n'ont de courage et de résolution que lorsqu'il s'agit de faire retraite, et qui, au lieu de marcher contre un Sarrasin armé, fouleraient aux pieds dans leur fuite le corps d'un allié mourant.

— Daignerez-vous m'excuser, sire, si je me permets de vous faire observer qu'un tel entretien ne peut qu'aigrir votre maladie, ennemi dont la chrétienté a plus de maux à craindre que des armes des infidèles ?

Le teint du roi était effectivement plus enflammé, ses gestes étaient devenus plus violens ; il avait le bras tendu, le poing fermé, les yeux étincelans. Il semblait souffrir en même temps les peines les plus cruelles du corps et de l'esprit, tandis que son courage indomptable le portait à continuer l'entretien, comme pour les mépriser et les braver.

— Vous savez flatter, sire chevalier, dit-il, mais vous ne m'échapperez pas. Vous ne m'avez pas encore dit tout ce que je prétends savoir. Avez-vous vu la reine pendant que vous étiez à Engaddi ?

— Non, sire, pas à ma connaissance, répondit sir Kenneth avec beaucoup de trouble ; car il se rappelait la procession nocturne qu'il avait vue dans la chapelle des rochers.

— Je vous demande, dit le roi d'un ton plus sévère, si vous n'êtes pas entré dans la chapelle des religieuses carmélites d'Engaddi, et si vous n'y avez pas vu Bérengère, reine d'Angleterre, et les dames de sa suite, qui s'y sont rendues en pèlerinage.

— Je vous parlerai, sire, avec la même vérité que dans le confessionnal. J'ai vu dans une chapelle souterraine, dans laquelle l'anachorète m'a conduit, un chœur de dames rendre hommage à une relique de la plus haute importance ; mais, comme je n'ai pas vu leur visage, et que je n'ai entendu leurs voix que dans les hymnes qu'elles chantaient, je ne puis dire si la reine d'Angleterre en faisait partie.

— Et aucune de ces dames ne vous était-elle connue ? Kenneth garda le silence.

— Je vous demande, dit Richard en se soulevant sur le coude, comme chevalier et comme gentilhomme, et je verrai par votre réponse quel prix vous attachez à ces deux titres, si vous avez reconnu quelqu'une des dames qui composaient ce chœur, oui ou non.

— Sire, répondit Kenneth non sans beaucoup hésiter, j'ai pu faire des conjectures.

— Et je puis faire aussi les miennes, dit le roi en fronçant les sourcils. Mais c'en est assez. Tout léopard que vous êtes, sire chevalier, prenez garde de tomber sous la griffe du lion. Écoutez-moi, devenir amoureux de la lune, ce ne serait qu'un acte de folie ; mais sauter du haut d'une tour dans le fol espoir de s'élever jusqu'à elle, ce serait commettre un suicide.

En ce moment, on entendit quelque bruit dans le premier appartement, et le roi, reprenant le ton qui lui était naturel, ajouta à la hâte : — Il suffit. Retirez-vous, cherchez De Vaux, et envoyez-le-moi promptement avec ce médecin maure. Je garantirais sur ma vie la bonne foi du soudan. S'il voulait seulement abjurer son chien de Prophète, je lui prêterais l'aide de mon épée pour chasser de ses états toute cette écume de Français et d'Autrichiens, et je croirais la Palestine aussi bien gouvernée sous ses lois que lorsqu'elle avait pour monarque un prince sacré par le décret du ciel même.

Le chevalier du Léopard se retira, et presque au même instant un officier du roi vint lui annoncer qu'une députation du conseil venait d'arriver pour voir sa majesté le roi d'Angleterre.

— Il est fort heureux qu'ils veuillent bien se souvenir que je vis encore, dit Richard. Et qui sont ces vénérables ambassadeurs?

— Le grand-maître de l'ordre des Templiers et le marquis de Montserrat.

— Notre frère de France n'aime pas le lit d'un malade, dit le roi; et cependant, si Philippe l'eût été, il y a long-temps qu'il m'aurait vu près de lui. Jocelyn, arrangez mon lit un peu mieux; il est uni comme les flots d'une mer courroucée. Donnez-moi ce miroir d'acier. Passez un peigne dans ma chevelure et dans ma barbe; elles ressemblent à la crinière d'un lion plutôt qu'au poil d'un chrétien. Donnez-moi de l'eau.

— Sire, dit Jocelyn en tremblant, les médecins disent que l'eau froide peut vous être dangereuse.

— Au diable les médecins! s'écria le monarque; s'ils ne sont pas en état de me guérir, croyez-vous que je souffre qu'ils me tourmentent. A présent, ajouta-t-il après avoir fait ses ablutions, faites entrer ces respectables ambassadeurs. J'espère qu'ils auront peine à s'apercevoir que les souffrances aient fait négliger à Richard le soin de sa personne.

Le célèbre grand-maître des Templiers était un homme de haute taille, maigre, usé par les fatigues de la guerre, qui avait l'œil sombre, mais pénérant, et un front sur lequel le souci de l'intrigue avait gravé ses rides. Placé à la tête de ce corps, pour qui l'ordre était tout et les individus rien; cherchant à en augmenter le pouvoir, même aux dépens de la religion qui en avait consacré l'institution, accusé d'hérésie et de sorcellerie malgré son titre de religieux et de chevalier, suspect d'être secrètement ligué avec le soudan, quoique ayant fait vœu de défendre ou de recouvrer le saint temple, le caractère personnel du grand-maître, comme celui de son ordre, était une énigme qui faisait frémir ceux qui cherchaient à l'expliquer. Le grand-maître était vêtu de son costume d'apparat, et il portait l'*abacus*, symbole mystique de sa dignité, dont la forme particulière a donné lieu à tant de conjectures et à tant de commentaires si singuliers, jusqu'à faire soupçonner cet ordre de chevaliers chrétiens d'être enrôlés sous les emblèmes les plus impurs du paganisme.

Conrad de Montserrat avait l'extérieur beaucoup plus agréable que le sombre et mystérieux prêtre-soldat dont il était accompagné. C'était un homme bien fait, ayant peut-être un peu dépassé l'âge moyen de la vie, hardi sur le champ de bataille, prudent dans les conseils, gai et élégant dans les fêtes; mais d'une autre part on l'accusait généralement de versatilité, d'une ambition étroite et égoïste, du désir d'étendre sa principauté, sans égard pour le bien du royaume latin de la Palestine, et de chercher à assurer ses intérêts personnels par des négociations privées avec Saladin, au préjudice des autres chefs chrétiens.

Lorsque ces deux dignitaires eurent fait les saluts d'usage, que Richard leur rendit avec courtoisie, le marquis de Montserrat commença à expliquer les motifs de leur visite. Ils étaient envoyés, dit-il, par les rois et princes composant le conseil des croisés, pour s'informer de la santé de leur magnanime allié, le vaillant roi d'Angleterre.

— Nous n'ignorons pas quelle importance les princes du conseil attachent à notre santé, répondit le monarque anglais, et nous savons combien ils ont dû souffrir en réprimant leur curiosité à cet égard pendant quatorze jours, sans doute dans la crainte d'aggraver notre maladie en nous laissant voir les inquiétudes qu'elle leur donnait.

Cette réplique ayant arrêté l'éloquence du marquis et jeté de la confusion dans ses idées, son compagnon, à figure plus austère, reprit le fil de la conversation, et d'un ton grave, aussi sec et aussi bref que le permettait le rang de celui à qui il s'adressait, il informa le roi qu'ils venaient le prier de la part du conseil, et au nom de toute la chrétienté, de ne pas confier le soin de sa santé à un médecin infidèle qu'on disait envoyé par Saladin avant que le conseil eût pris des mesures pour voir jusqu'à quel point étaient fondés les soupçons qui s'attachaient naturellement à une semblable mission.

— Grand-maître du saint et vaillant ordre des chevaliers templiers, et vous, très-noble marquis de Montserrat, répondit Richard, s'il vous plaît de vous retirer dans la pièce voisine, vous verrez dans quelques instans quel cas nous faisons des tendres remontrances des rois et princes nos collègues dans cette guerre religieuse.

Le marquis et le grand-maître se retirèrent; et ils n'étaient que depuis quelques instans dans l'appartement d'entrée du pavillon quand le médecin maure y arriva, accompagné du baron de Gilsland et du chevalier du Léopard. Le baron n'y entra pourtant que quelques minutes après ses deux compagnons, s'étant arrêté à la porte, peut-être pour donner des ordres aux sentinelles.

Lorsque El Hakim entra, il salua à la manière orientale le marquis et le grand-maître, dont l'air et le costume annonçaient le haut rang; le grand-maître lui rendit son salut avec une expression de froideur dédaigneuse, et le marquis avec cette courtoisie qui le rendait populaire, et qu'il témoignait habituellement aux hommes de tous les rangs et de toutes les nations. Il s'ensuivit un moment de silence, sir Kenneth attendant Thomas de Vaux, et n'osant prendre sur lui d'entrer de sa propre autorité dans l'appartement du roi.

Pendant cet intervalle le grand-maître se tourna vers le musulman, et lui dit d'un ton sévère : — Infidèle, as-tu la hardiesse de pratiquer ton art sur la personne d'un des souverains de l'armée chrétienne?

— Le soleil d'Allah, répondit le sage, luit sur le Nazaréen comme sur le vrai croyant; et son serviteur n'ose faire de distinction entre eux quand il est appelé à exercer l'art de guérir.

— Mécréant Hakim, dit le grand-maître, ou quel que soit le nom qu'on donne à un esclave des ténèbres que les eaux du baptême n'ont pas purifié, sais-tu bien que tes membres seront tirés par quatre chevaux indomptés si le roi Richard vient à périr entre tes mains?

— Ce serait un acte d'injustice, répondit le médecin, car je ne puis employer que des moyens humains, et le résultat de mes soins est écrit dans le livre de lumière.

— Révérend et vaillant grand-maître, dit le marquis de Montserrat, faites attention que cet homme savant ne connaît pas nos lois chrétiennes, fondées sur la crainte de Dieu, et dans l'intérêt de l'oint du Seigneur. Apprenez, grave médecin, de la science duquel nous ne doutons nullement, que la marche la plus sage que vous puissiez suivre c'est de vous transporter en présence de l'illustre conseil de notre sainte ligue et en présence des doctes médecins qui seront désignés, de rendre compte des moyens que vous comptez employer pour la guérison de cet auguste malade. Par ce moyen vous éviterez le danger auquel vous pouvez vous exposer en vous chargeant témérairement vous seul de toute la responsabilité.

— Je vous comprends fort bien, répondit El Hakim; mais la science a ses champions comme l'art militaire que vous professez, et elle a quelquefois ses martyrs aussi bien que la religion. J'ai reçu de mon souverain, le soudan Saladin, l'ordre de guérir ce roi nazaréen, et avec la bénédiction du Prophète je lui obéirai ; si je ne réussis pas, vous portez des glaives qui ont soif du sang des vrais croyans, et j'abandonne mon corps à vos armes. Mais je ne veux pas entrer en discussion avec un incirconcis sur la vertu des remèdes dont j'ai acquis la connaissance par la grace du Prophète, et je vous prie de ne placer aucun délai entre mes devoirs et moi.

— Qui parle de délai? s'écria De Vaux en entrant dans la tente avec précipitation; nous n'en avons déjà que trop mis. Je vous salue, marquis de Montserrat, et vous aussi, vaillant grand-maître; mais il faut que je me rende sur-le-champ près du roi avec ce savant médecin.

— Milord, dit le marquis en français-normand, ou en langue d'oui comme on l'appelait alors, il est bon que vous sachiez que nous sommes venus de la part du conseil des rois et des princes de la croisade pour faire des remontrances sur le risque que l'on court en permettant à un infidèle, à un médecin musulman, de se mêler d'exercer son art dans le camp des chrétiens, quand il s'agit d'une santé aussi précieuse que celle du roi Richard, votre maître.

— Noble marquis, répondit De Vaux un peu brusquement, je ne suis pas grand parleur, et je ne me soucie pas d'écouter de longs discours. D'ailleurs je suis plus porté à croire ce que mes yeux ont vu et ce que mes oreilles ont entendu : je suis convaincu que ce païen peut guérir la maladie du roi Richard, et j'ai assez de confiance en lui pour croire qu'il y travaillera de bonne foi. Le temps est précieux. Si Mahomet, que la malédiction de Dieu soit sur lui! était à la porte de cette tente avec d'aussi bonnes intentions que cet Adonebec El

Hakim, je regarderais comme un péché de l'arrêter une minute. Ainsi, nobles seigneurs, faites-nous place.

— Mais le roi lui-même, dit Conrad de Montserrat, nous a dit que nous serions présens aux opérations de ce médecin.

Le baron dit quelques mots à voix basse à Jocelyn, sans doute pour savoir si le marquis parlait vrai, et lui répondit ensuite : — Vous pouvez entrer avec nous, si bon vous semble, nobles seigneurs, pourvu que vous vous armiez de patience; car si vous interrompez ce docte médecin dans ses opérations par un mot ou un seul geste de menace, sans respect pour votre haut rang, je vous forcerai à sortir de la tente du roi. Sachez que je suis tellement convaincu de la vertu des remèdes de ce savant homme, que si Richard lui-même hésitait à les prendre, par Notre-Dame de Lanercoste, je crois que je trouverais dans mon cœur la force de le contraindre à avaler de quoi se guérir. — El Hakim, entrez.

Il prononça ces derniers mots en langue franque, et le médecin obéit aussitôt. Le grand-maître jeta un regard de travers sur le guerrier peu cérémonieux; mais un coup d'œil du marquis fit que les rides que le courroux avait imprimées sur son front s'effacèrent un peu, et tous deux suivirent De Vaux et le Maure dans l'appartement où Richard les attendait avec toute l'impatience du malade qui entend les pas de son médecin. Personne n'invitait sir Kenneth à y entrer; mais personne ne le lui défendait, et il crut que les circonstances l'autorisaient à accompagner ces grands dignitaires; mais, sentant l'infériorité de son rang, il se tint à l'écart pendant toute la scène qui se passa.

Lorsque Richard les vit entrer dans sa chambre, il

s'écria sur-le-champ : — Oh! oh! voici bonne compagnie qui vient pour voir Richard passer dans les ténèbres. Mes nobles alliés, je vous salue comme les représentans de notre ligue; vous reverrez au milieu de vous Richard tel qu'il était autrefois, ou vous porterez au tombeau ce qui restera de lui. De Vaux, qu'il vive ou qu'il meure, tu as les remerciemens de ton prince. Mais il y en a encore un autre; cette fièvre m'a rendu la vue trouble. Ah! c'est le brave Écossais qui voulait monter au ciel sans échelle. Il est le bienvenu aussi. Allons, sir Hakim, en besogne, en besogne!

Le médecin, qui s'était déjà fait rendre compte des divers symptômes de la maladie du roi, lui tâta le pouls long-temps et avec grande attention, tandis que tous les assistans étaient dans le silence de l'attente, et se permettaient à peine de respirer. Il emplit ensuite une coupe d'eau de fontaine, et y trempa la petite bourse de soie rouge qu'il prit dans son sein comme il l'avait fait pour l'écuyer. Quand il parut croire que l'eau était suffisamment saturée par les drogues qui y étaient en infusion, il allait l'offrir au souverain; ce fut alors que Richard l'arrêta en lui disant : — Un instant! tu m'as tâté le pouls, laisse-moi appuyer le doigt sur le tien. Je me connais un peu aussi en médecine, comme c'est un devoir pour un bon chevalier.

Le Maure tendit le bras sans hésiter, et ses doigts bruns, longs et grêles, furent un instant contenus dans la large main du roi Richard.

— Son pouls est aussi calme que celui d'un enfant, dit le roi; ce n'est pas ainsi que doit battre celui d'un homme qui veut empoisonner un prince. De Vaux, que nous vivions ou que nous mourions, ce médecin doit être congédié avec honneur et en toute sûreté. L'ami, fais mes complimens au noble Saladin. Si je meurs, ce sera sans doute de sa bonne foi ; si je vis, ce sera pour lui faire les remerciemens qu'un guerrier tel que lui a droit d'attendre.

Il se mit sur son séant, prit la coupe en main, et, se tournant vers le marquis et le grand-maître, il leur dit : — Faites attention à mes paroles, et que mes frères les rois me fassent raison avec du vin de Chypre. — A la gloire immortelle du premier croisé qui frappera de sa lance ou de son épée la porte de Jérusalem, et à la honte et à l'infamie éternelles de quiconque tournera le dos !

Il vida la coupe d'un seul trait, la remit au médecin, et tomba comme épuisé sur les coussins qui avaient été arrangés pour le recevoir. El Hakim, sans parler, mais par des gestes expressifs, fit alors comprendre qu'il fallait que tout le monde sortît de la chambre. En conséquence tous les spectateurs se retirèrent, à l'exception du médecin et de Thomas de Vaux, que nulle remontrance ne put déterminer à quitter son maître.

CHAPITRE X.

« J'ouvrirai maintenant un volume secret;
» Et, prompt à concevoir, votre esprit qui murmure
» D'un dangereux secret entendra la lecture. »

SHAKSPEARE, *Henry IV*, acte I.

Le marquis de Montserrat et le grand-maître des chevaliers templiers restèrent ensemble en face du pavillon du roi, dans lequel venait de se passer cette scène singulière, et ils virent un fort détachement d'arbalétriers et d'hommes d'armes s'y déployer en cercle afin d'en écarter tout ce qui pourrait troubler le repos du monarque. Les soldats avaient les yeux baissés, l'air sombre, et ils marchaient dans le même silence que s'ils avaient suivi une pompe funèbre; aucun bruit n'annonçait qu'ils étaient couverts de leurs boucliers et de leurs autres armes, malgré leur nombre. Ils baissèrent leurs armes avec respect lorsque les deux chefs traversèrent leurs rangs, mais toujours avec le même silence.

— Voilà un grand changement parmi ces chiens d'insulaires, dit le grand-maître à Conrad quand ils furent à quelque distance des gardes de Richard. Quel tumulte on entendait auparavant devant ce pavillon! il n'était question que de jeter la barre (1), de pousser la balle, de lutter, de chanter et de vider des flacons, comme si ces rustres eussent été à une fête (2) de village, ayant au milieu d'eux un mai au lieu d'une bannière royale.

— Les chiens sont une race fidèle, répondit Conrad, et le roi leur maître a gagné leur affection en luttant, causant et se divertissant avec le premier venu d'entre eux, toutes les fois qu'il en a la fantaisie.

— Il n'est composé que de fantaisies. Avez-vous remarqué les paroles qu'il a prononcées avant de vider sa coupe, au lieu de rendre des actions de graces au ciel?

— Cette coupe aurait été pour lui un coup de grace, et il l'aurait trouvée bien épicée, si Saladin était comme tout autre Turc qui ait jamais porté le turban et tourné la tête vers la Mecque à l'appel du muezzin. Mais il affecte de la bonne foi, de l'honneur, de la générosité, comme s'il appartenait à un chien non baptisé de pratiquer les vertus des chevaliers chrétiens! On dit qu'il a demandé à Richard de lui conférer l'ordre de la chevalerie.

(1) Jeu qui consistait à jeter le plus loin possible un barre de fer, de manière à la faire tomber sur un des deux bouts. — Éd.

(2) *Wake*, veillée : jadis la veille d'une grande fête était célébrée par une veillée qui durait jusqu'au matin, d'où *wake* signifie encore fête. — Éd.

— Par saint Bernard! sire Conrad, il serait temps alors de jeter loin de nous nos baudriers et nos éperons, d'effacer nos armoiries et de renoncer à nos lances, si le plus grand honneur de la chrétienté devait être accordé à un Turc de dix sous.

— Vous estimez le soudan bien bas, dit le marquis. Cependant, quoique ce soit un homme de bonne mine, j'en ai vu de plus beaux vendus quarante sous au bazar.

Ils arrivaient alors près de leurs chevaux, qu'ils avaient laissés à quelque distance de la tente de Richard, au milieu d'un brillant cortège de pages et d'écuyers. Conrad, après un moment de réflexion, proposa au grand-maître, pour profiter de la fraîcheur de la brise du soir, de renvoyer leurs chevaux et leur suite, et de retourner à leurs quartiers en traversant les lignes étendues du camp des chrétiens. Le grand-maître y consentit, et ils se mirent en marche, en évitant, comme s'ils en étaient convenus, les parties les plus habitées de cette grande ville de tentes, suivant la large esplanade qui séparait le camp des défenses extérieures, et où ils pouvaient s'entretenir en secret, sans être aperçus par d'autres yeux que ceux des sentinelles près desquelles ils passaient.

Ils s'entretinrent pendant quelque temps de combats et de préparatifs de défense; mais ce genre d'entretien, auquel ni l'un ni l'autre ne paraissait prendre intérêt, languit bientôt. Il en résulta un assez long intervalle de silence, auquel le marquis de Montserrat mit fin en s'arrêtant tout à coup en homme qui vient de prendre une résolution soudaine; et, fixant les yeux quelques instans sur la physionomie sombre et inflexible du grand-maître, il lui adressa enfin la parole en ces termes :

— Si cela pouvait convenir à votre valeur et à votre sainteté, révérend chevalier Giles Amaury, je vous prierais de baisser, pour cette fois, la visière noire que vous portez toujours, et de causer avec un ami à visage découvert.

Le Templier sourit.

— Il y a des masques de couleur claire, aussi-bien que des visières noires, répondit-il, et ils n'en cachent pas moins les traits naturels du visage.

— Soit, répondit le marquis en portant la main à son menton et en faisant le geste d'un homme qui détache son masque; me voilà sans déguisement. Et maintenant à quoi pensez-vous qu'aboutira cette croisade, en ce qui concerne les intérêts de votre ordre?

— C'est arracher le voile qui couvre mes pensées, au lieu d'exposer les vôtres à ma vue. Cependant je vous répondrai par une parabole que m'a racontée un santon du Désert. — Un certain fermier demandait de la pluie au ciel, et murmurait de ce qu'il n'en tombait pas aussitôt qu'il le désirait. Pour le punir de son impatience, Allah, dit le santon, ordonna à l'Euphrate de se déborder sur ses terres; toutes ses possessions furent détruites, et il périt lui-même, parce que ses vœux avaient été exaucés.

— Cette parabole est une vérité. Plût au ciel que l'Océan eût englouti les dix-neuf vingtièmes des armemens de ces princes! ce qui en serait resté aurait mieux servi les projets des nobles chrétiens de la Palestine, les misérables restes du royaume latin de Jérusalem. Abandonnés à nous-mêmes, nous aurions pu céder à l'orage; modérément soutenus d'argent et de troupes, nous aurions pu forcer Saladin à respecter notre valeur, et à nous accorder paix et protection à des conditions raisonnables. Mais d'après le danger imminent dont le menace cette croisade, nous ne pouvons supposer que le soudan, s'il parvient à le détourner, souffre qu'aucun de nous conserve des possessions ou des principautés en Syrie; encore bien moins y permettra-t-il l'existence de ces ordres militaires et religieux qui lui ont déjà fait éprouver tant de maux.

— Sans doute, mais ces aventuriers croisés peuvent réussir, et planter de nouveau la croix sur les boulevards de Sion.

— Et quel avantage en reviendra-t-il à l'ordre des Templiers ou à Conrad de Montserrat?

— L'avantage pour vous peut être très-grand. Conrad, marquis de Montserrat, pourrait devenir Conrad, roi de Jérusalem.

— Ce mot résonne comme quelque chose, vaillant grand-maître; mais il sonne creux. Godefroi de Bouillon avait bien raison de choisir la couronne d'épines pour son emblème. Je vous l'avouerai, grand-maître, j'ai quelque attachement pour les formes du gouvernement oriental. Une pure et simple monarchie ne doit consister qu'en un roi et des sujets; c'est l'organisation primitive des empires, un berger et son troupeau. Toute cette chaîne intérieure de dépendance féodale est artificielle et factice. J'aimerais mieux tenir d'une main ferme le bâton de commandement de mon pauvre marquisat, et le manier à ma volonté, que d'avoir en main le sceptre d'un monarque, restreint et courbé par la volonté de tous les orgueilleux barons féodaux qui auraient des domaines relevant du roi de Jérusalem. Un roi doit marcher librement, grand-maître, et ne pas être arrêté ici par un fossé, là par une haie, plus loin par un privilège féodal qu'un baron, armé de pied en cap, est prêt à soutenir. En un mot, je sais fort bien que les droits de Guy de Lusignan au trône seront préférés aux miens si Richard guérit de sa maladie et s'il a quelque influence sur le choix.

— Suffit, dit le grand-maître; tu m'as convaincu de ta sincérité. D'autres peuvent avoir la même opinion; mais, à l'exception de Conrad de Montserrat, peu d'entre eux oseraient avouer franchement qu'ils ne désirent pas le rétablissement du royaume de Jérusalem, mais qu'ils préfèrent rester maîtres d'une portion de ses fragmens, de même que les insulaires sauvages, qui, bien loin de travailler à secourir un navire tourmenté par les flots, en attendent le naufrage pour s'enrichir de ses débris.

— Tu ne me trahiras pas! s'écria Conrad en le regardant avec des yeux que la méfiance rendait pénétrans. Sois bien assuré que ma langue ne mettra jamais ma tête en danger, et que ma main saura prendre la défense de l'une et de l'autre. — Accuse-moi, si tu le veux; je suis prêt à entrer en lice contre le plus vaillant Templier qui ait jamais mis sa lance en arrêt.

— Tu te cabres cependant bien vite pour être un si intrépide coursier, répondit le grand-maître. Quoi qu'il en soit, je te jure, par le saint temple, que notre ordre a fait serment de défendre, que je te garderai le secret en fidèle compagnon.

— Par quel temple? demanda le marquis de Montserrat, dont l'amour pour le sarcasme l'emportait souvent sur la politique et la discrétion ; jures-tu par le temple situé sur la montagne de Sion, qui fut construit par le roi Salomon, ou par cet édifice symbolique et emblématique dont on assure qu'il est parlé dans les conseils tenus sous les voûtes secrètes des commanderies des Templiers, pour l'agrandissement de ton vénérable et vaillant ordre?

Le Templier jeta sur lui un coup d'œil qui semblait un trait de la mort; mais il lui répondit avec calme:

— Par quelque temple que je jure, marquis de Montserrat, sois bien assuré que mon serment est sacré. Je voudrais savoir comment te lier par une promesse que je pusse croire de même poids.

— Je te jure de t'être fidèle, répondit Conrad en riant, par la couronne de marquis que je porte, et que j'espère changer pour quelque chose de mieux avant la fin de cette guerre. Elle est si légère, qu'elle ne défend pas mon front du froid; celle de duc serait une meilleure protection contre une brise de nuit, comme celle que nous éprouvons; mais la couronne royale serait encore préférable, attendu qu'elle est bien doublée de velours et d'hermine. En un mot, grand-maître, nous sommes liés l'un à l'autre par un intérêt commun; car ne croyez pas que si ces princes alliés réussissent à conquérir Jérusalem et à y placer un roi de leur choix, ils souffrent que votre ordre et mon pauvre marquisat conservent l'indépendance dont nous jouissons à présent. Non, de par Notre-Dame! il faudrait alors que les fiers chevaliers de Saint-Jean recommençassent à préparer des onguens, et à soigner les pestiférés dans les hôpitaux; et vous, puissans et vénérables chevaliers du Temple, vous seriez obligés de redevenir, comme autrefois, de simples hommes d'armes, de dormir trois sur une paillasse, de monter deux sur le même cheval; ce qui était jadis votre coutume, comme le prouve le sceau dont vous vous servez encore.

— Le rang, les privilèges et l'opulence de notre ordre, préviendront une dégradation semblable à celle dont vous le menacez, dit le grand-maître avec hauteur.

— C'est précisément ce qui le perdra, répliqua Conrad de Montserrat; et vous savez aussi bien que moi, révérend grand-maître, que si les princes alliés obtenaient un succès complet en Palestine, le premier soin de leur politique serait de détruire l'indépendance de votre ordre, coup qui vous aurait été porté depuis long-temps sans la protection de notre saint père le pape, et sans le besoin qu'on a de votre valeur pour la conquête de la Terre-Sainte. Donnez-leur une victoire complète, et vous serez mis à l'écart, comme on jette hors de la lice les fragmens d'une lance brisée dans un tournoi.

— Il peut y avoir de la vérité dans ce que vous dites, reprit le Templier en souriant d'un air sombre; mais quelles seraient nos espérances si les alliés retiraient leurs forces, et laissaient la Palestine sous la domination absolue de Saladin?

— Elles seraient aussi grandes qu'assurées; le soudan donnerait de vastes provinces pour avoir à ses ordres un corps bien discipliné de lances franques. En Égypte, en Perse, une centaine d'auxiliaires semblables, joints à sa cavalerie légère, lui assureraient la victoire contre l'inégalité de nombre la plus effrayante. Cette dépendance ne serait pas éternelle, peut-être ne durerait-elle qu'autant que la vie de ce soudan entreprenant ; mais dans l'Orient les empires naissent comme des champignons. Supposons qu'il soit mort, et que nous soyons constamment fortifiés et recrutés par des aventuriers d'Europe, pleins d'ardeur et de courage, quels succès ne pouvons-nous pas espérer quand nous ne serons plus gênés dans nos opérations par ces monarques dont la dignité jette une ombre sur nous en ce moment, et qui, s'ils restent ici et qu'ils triomphent dans cette expédition, sont tous disposés à nous vouer à une dégradation et à une dépendance éternelle.

— Vous avez raison, sire marquis, et vos paroles trouvent un écho dans mon cœur. Cependant il faut que nous agissions avec circonspection : Philippe de France est aussi prudent que vaillant.

— C'est la vérité, et il n'en sera que plus facile de le faire renoncer à une expédition dans laquelle il s'est inconsidérément engagé dans un moment d'enthousiasme, ou à l'instigation de ses nobles ; il est jaloux du roi Richard, son ennemi naturel, et il brûle de retourner chez lui pour suivre ses plans ambitieux, dont le but est plus voisin de Paris que de la Palestine. Il saisira le premier prétexte apparent qu'il pourra trouver, pour se retirer d'une scène sur laquelle il sait fort bien qu'il prodigue sans fruit les forces de son royaume.

— Et l'archiduc d'Autriche ?

— Oh ! quant à l'archiduc, son amour-propre et sa folie le conduisent aux mêmes conclusions que la politique et la prudence de Philippe. Il se croit (que Dieu le maintienne dans ces bons sentimens !) traité avec ingratitude, parce que toutes les bouches, même celles de ses propres *minne singers* (1), ne sont remplies que des louanges du roi Richard, qu'il craint et qu'il déteste, et dont la ruine le réjouirait : semblable à ces chiens lâches et mal dressés, qui, lorsque le plus brave de la meute est saisi par la gueule du loup, sont plus disposés à l'attaquer par derrière qu'à lui porter du secours. Mais pourquoi vous dire tout cela, si ce n'est pour vous prouver que je désire sincèrement que cette ligue soit dissoute, et que le pays soit délivré de ces grands monarques et de leurs armées ? Vous savez comme moi, et vous avez vu que tous les princes qui ont ici de l'influence et de l'autorité désirent vivement traiter avec Saladin.

— J'en conviens ; il faudrait être aveugle pour ne pas l'avoir entrevu dans leurs dernières délibérations. Mais soulève encore ton masque de quelques lignes de plus, et dis-moi la véritable raison qui t'a fait insister dans le conseil pour charger de porter les propositions de traité cet Anglais du nord, cet Écossais, ce chevalier du Léopard, quelque nom que tu lui donnes.

— C'était un coup de politique, répondit l'Italien. Né dans la Grande-Bretagne, cette qualité suffisait pour prévenir en sa faveur Saladin, qui savait qu'il combattait sous les bannières de Richard ; tandis que son caractère, comme Écossais, et quelques autres sujets de mécontentement personnel que je connais, faisaient qu'il n'était pas vraisemblable que notre envoyé, à son retour, eût aucune communication avec Richard, à qui sa présence n'était pas agréable.

— C'était une politique dont le tissu était trop fin,

---

(1) Ménestrels. — Éd.

dit le grand-maître ; croyez-moi, cette toile d'araignée italienne ne retiendra jamais ce Samson insulaire, dont la tête conserve tous ses cheveux ; garottez - le de cordes neuves, et des plus fortes, si vous le pouvez, et vous ferez bien. Ne voyez-vous pas que cet envoyé, que vous avez choisi avec tant de soin, nous a ramené ce médecin qui va remettre ce Cœur-de-Lion, cet Anglais à cou de taureau, en état de continuer son entreprise de croisade ; et, dès qu'il sera en état de marcher en avant, lequel des princes osera rester en arrière? La honte les forcera à le suivre, quoiqu'ils aimassent autant marcher sous les bannières de Satan.

— Soyez tranquille, répondit Conrad de Montserrat ; avant que ce médecin, à moins qu'il n'emploie des moyens miraculeux, ait eu le temps de compléter la guérison de Richard, il sera possible d'exciter une rupture ouverte entre le Français, ou du moins l'Autrichien, et leur allié d'Angleterre, de manière à ce que la brèche devienne irréparable. Alors, si Richard quitte son lit, ce pourra être pour commander ses propres troupes, mais jamais pour diriger par sa seule volonté l'emploi de toutes les forces de la croisade.

—Tu es un archer bien disposé, Conrad de Montserrat, dit le Templier; mais ton arc n'est pas assez tendu pour lancer une flèche au but.

Il se tut tout à coup, jeta autour de lui un regard inquiet, comme pour s'assurer que personne ne pouvait l'entendre, et, saisissant la main de Conrad, il la serra fortement, le regarda en face, et lui dit d'une voix lente :

— Richard quitter son lit, dis-tu? Camarade, il faut qu'il ne le quitte jamais !

Le marquis de Montserrat tressaillit. — Quoi! s'écria-t-il, parlez-vous de Richard Cœur-de-Lion, du champion de la chrétienté ?

Ses joues pâlirent et ses genoux tremblaient sous lui tandis qu'il prononçait ces paroles. Le Templier fixa les yeux sur lui, et un sourire de mépris se dessina sur ses traits de fer.

— Sais-tu à quoi tu ressembles en ce moment, sire Conrad ? s'écria-t-il ; ce n'est pas au politique et vaillant marquis de Montserrat, ce n'est pas à l'homme qui voudrait diriger le conseil des princes et décider du destin de l'empire, c'est à un novice qui, étant tombé par hasard sur une formule de conjurations dans les livres de son maître, a évoqué le diable sans y penser, et s'épouvante en voyant l'esprit qui se présente devant lui.

— Je conviens, répondit le marquis revenant à lui, qu'à moins qu'on ne puisse découvrir quelque autre moyen bien sûr, tu viens de faire allusion à celui qui nous conduit directement au but. Mais, sainte Marie! deviendrons les objets de l'horreur de toute l'Europe, le but de toutes les malédictions, depuis le pape sur son trône jusqu'au mendiant debout à la porte de l'église, et qui, rongé de lèpre, couvert de haillons et dans le dernier degré de la misère humaine, bénira le ciel de ce qu'il n'est ni Giles Amaury ni Conrad de Montserrat.

— Si tu prends les choses ainsi, dit le grand-maître avec le même sang-froid qui l'avait caractérisé pendant cette conversation remarquable, supposons, toi et moi, qu'il ne s'est rien passé entre nous, que nous avons parlé en dormant, que nous nous sommes éveillés, et que la vision s'est évanouie.

— Elle sera toujours devant mes yeux, répliqua Conrad.

— Il est vrai que les visions de couronnes ducales et de diadèmes royaux ne quittent pas facilement la place qu'elles occupent dans l'imagination, dit le grand-maître.

— Fort bien, répondit le marquis ; mais laissez-moi d'abord essayer de semer la zizanie entre l'Autriche et l'Angleterre.

Ils se séparèrent. Conrad s'arrêta à l'endroit où ils se trouvaient alors, regardant le manteau blanc du Templier, qui flottait au gré du vent pendant qu'il s'éloignait, et qui disparut peu à peu au milieu des ténèbres de la nuit, qui s'épaississent rapidement en Orient. Fier, ambitieux, politique et peu scrupuleux, le marquis de Montserrat n'était pourtant pas naturellement cruel. C'était un épicurien voluptueux ; et, semblable à beaucoup de gens du même caractère, il n'aimait, en dépit de son égoïsme, ni à porter des blessures sérieuses, ni à voir des actes de cruauté. Il avait d'ailleurs, en général, pour sa propre réputation ce sentiment de respect qui tient quelquefois la place de ces principes plus louables qui doivent être la base de la bonne renommée.

Les yeux encore fixés sur le point où il avait cessé d'apercevoir le manteau flottant du Templier, il se dit à lui-même : — J'ai véritablement évoqué le diable, et il est effrayant. Qui aurait cru que ce sévère et ascétique grand-maître, dont la fortune, bonne ou mauvaise, est absorbée dans celle de son ordre, voudrait, pour en assurer l'avantage, aller plus loin que je ne suis disposé à le faire pour mon intérêt personnel? Mettre un terme à cette folle croisade était mon projet, j'en conviens; mais je n'osais pas songer au moyen expéditif que ce guerrier-religieux n'a pas hésité à me proposer. Et cependant il n'en est pas de plus sûr : c'est peut-être celui qui nous expose à moins de dangers.

Telles étaient les réflexions que le marquis faisait à voix basse quand il fut interrompu par une voix rauque qui criait à peu de distance avec le ton emphatique d'un héraut : — Souvenez-vous du saint sépulcre !

Ce cri se répéta de poste en poste, car la consigne des sentinelles était de le faire entendre de temps en temps pendant leur faction, afin que l'armée des croisés n'oubliât jamais le motif qui avait fait prendre les armes. Mais, quoique Conrad fût habitué à cette coutume, et qu'il eût bien des fois entendu ce cri sans y attacher aucune importance, il contrastait tellement en ce moment avec les pensées qui l'occupaient, qu'il semblait une voix descendant du ciel pour l'avertir de l'iniquité du projet qu'il méditait dans son cœur. Il regardait de tous côtés avec inquiétude, comme si, de même que l'ancien patriarche, quoique dans des circonstances bien différentes, il se fût attendu à voir quelque bélier arrêté dans un buisson, quelque victime qu'on pût substituer à celle que son compagnon lui proposait de sacrifier, non à l'Être suprême, mais au Moloch de leur ambition.

En ce moment, ses regards s'arrêtèrent sur la bannière royale d'Angleterre, agitée par le souffle de la brise, et se montrant encore au milieu de l'obscurité qui augmentait à chaque instant. Elle était arborée sur une hauteur qui était évidemment l'ouvrage de la main des hommes, située presque au milieu du camp, et que peut-être un chef ou un champion hébreu avait élevée en commémoration du repos qu'il avait trouvé en ce lieu. Quoi qu'il en soit, le nom en était tombé en oubli, et les croisés l'avaient appelée le mont Saint-George, parce que, de cette élévation qui commandait tout le camp, l'étendard d'Angleterre, comme un emblème de souveraineté, dominait toutes les bannières des chefs, des princes et même des rois, qu'on voyait flotter dans des situations inférieures.

L'inspiration d'un instant suffit pour éveiller de nouvelles idées dans un esprit aussi prompt que l'était celui de Conrad. Un seul coup d'œil jeté sur cet étendard sembla dissiper tout à coup l'incertitude qui régnait dans ses résolutions. Il se remit en marche pour retourner à son pavillon, du pas rapide et déterminé d'un homme qui vient d'adopter un plan et ne pense plus qu'à l'exécuter. En y arrivant, il congédia tous les serviteurs qui l'attendaient, et qui lui formaient une suite presque digne d'un roi; et, en se mettant au lit, il se dit à lui-même que sa résolution amendée était la meilleure : savoir, d'essayer des moyens plus doux avant de recourir à des voies désespérées.

— Demain, dit-il, je dînerai à la table de l'archiduc d'Autriche. Je verrai ce qu'il est possible de faire pour assurer l'exécution de nos projets avant de suivre les conseils du sombre Templier.

CHAPITRE XI.

> « Notre climat du nord a ce rare avantage
> » Qu'il montre bien souvent dans un seul possesseur
> » La fortune et l'esprit, le rang et la valeur.
> » Mais l'Envie aux traits noirs, poursuivant le mérite
> » Comme l'ardent limier suit le daim qui palpite,
> » Jalouse du haut point auquel il est placé,
> » Ne respirera pas sans l'avoir renversé. »
>
> Sir David Lindsay.

Léopold, archiduc d'Autriche, fut le premier des chefs de ce beau pays qui ait joui du rang de prince. Il avait été élevé à la dignité ducale dans l'empire germanique, parce qu'il était proche parent de l'empereur Henri-le-Cruel, et tenait sous son gouvernement les plus belles provinces qu'arrose le Danube. L'histoire a flétri sa mémoire à cause d'un acte de violence et de perfidie qui prit sa source dans les événemens des croisades; et cependant la honte d'avoir fait Richard prisonnier tandis qu'il traversait ses domaines sans suite et déguisé n'était pas un acte du caractère naturel de Léopold. C'était un prince vain et faible plutôt qu'un tyran ambitieux et cruel. On remarquait une grande analogie entre son caractère moral et ses formes extérieures : il était de grande taille, robuste et bien fait. La blancheur de son teint faisait un contraste avec la rougeur de ses joues, et une longue chevelure blonde couvrait sa tête; mais il y avait quelque chose de gauche dans sa démarche, et l'on aurait dit que son corps n'était pas animé d'une énergie proportionnée à sa dimension colossale. De même il portait toujours le plus riche costume; mais on aurait cru qu'il n'avait pas été fait pour lui. Comme prince, il semblait trop peu familier avec sa propre dignité; et, embarrassé pour prendre un air d'autorité quand l'occasion l'exigeait, il se croyait fréquemment obligé d'avoir recours à des expressions et à des actes de violence pour regagner le terrain qu'il aurait maintenu avec plus de grace en montrant d'abord un peu plus de présence d'esprit.

Non-seulement ces défauts étaient visibles pour les autres, mais l'archiduc lui-même ne pouvait s'empêcher d'éprouver quelquefois la conviction pénible qu'il n'était pas tout-à-fait en état de soutenir et de faire respecter son rang, et soupçonnait avec raison les autres d'avoir la même opinion de lui.

Lorsqu'il joignit les croisés à la tête d'une troupe digne d'un prince, il avait beaucoup désiré gagner l'amitié de Richard, et il avait fait de telles avances pour l'obtenir, que le roi d'Angleterre, en bon politique, aurait dû y répondre. Mais l'archiduc, sans manquer de courage, était fort inférieur à Cœur-de-Lion en bravoure, et n'était pas enflammé comme lui de cette ardeur qui lui faisait rechercher les dangers comme on courtise une maîtresse ; aussi le roi le regarda-t-il bientôt avec une espèce de mépris. D'ailleurs Richard était un prince normand, peuple pour qui la tempérance était une habitude, et il méprisait le penchant de l'Allemand pour les plaisirs de la table, et surtout son ivrognerie. Ces motifs, joints à quelques autres entièrement personnels, firent que le roi d'Angleterre cessa bientôt de se contraindre pour cacher son dédain pour le prince autrichien ; et le soupçonneux Léopold, l'ayant bientôt remarqué, l'en paya par une haine profonde. La discorde fut fomentée entre eux par les artifices secrets du politique Philippe, roi de France, un des monarques de son siècle qui avait le plus de sagacité. Philippe, craignant le caractère fier et impétueux de Richard comme son rival naturel, et se trouvant offensé de l'air dictatorial avec lequel un prince vassal de la couronne de France pour les domaines qu'il possédait sur le continent se conduisait envers son seigneur suzerain, cherchait à fortifier son parti et à affaiblir celui de Richard en excitant les princes croisés d'un rang inférieur à se réunir pour résister à ce qu'il appelait l'autorité usurpatrice du roi d'Angleterre.

Telles étaient les opinions de l'archiduc d'Autriche lorsque Conrad de Montserrat résolut de se servir de la haine de ce prince contre Richard comme d'un instrument pour dissoudre la ligue des croisés, ou du moins pour relâcher les nœuds qui les unissaient.

Il choisit l'heure de midi pour lui rendre visite, et le prétexte fut de lui présenter du vin de Chypre de première qualité qui lui était récemment tombé entre les mains, afin de lui faire faire la comparaison avec ceux du Rhin et de Hongrie. Une pareille offre valait bien une invitation à dîner; l'archiduc la lui fit de la manière la plus courtoise, et rien ne fut épargné pour que le repas fût digne de la splendeur d'un prince souverain. Cependant le goût délicat du marquis italien vit plus de profusion que d'élégance dans les mets substantiels sous lesquels la table gémissait.

Les Allemands, quoique doués encore du caractère franc et martial de leurs ancêtres, qui subjuguèrent l'empire romain, avaient pourtant conservé une teinte assez prononcée de leur barbarie. Ils ne portaient pas les principes de chevalerie au même point de délicatesse que les chevaliers français et anglais, et ils n'observaient pas les règles prescrites par la société que ces deux nations regardaient comme l'indice de la plus haute civilisation. Assis à la table de l'archiduc, Conrad fut étourdi et amusé en même temps par le bruit allemand dont les oreilles furent assaillies de toutes parts malgré la solennité d'un banquet donné par un prince. Le costume lui parut également fantasque; les nobles autrichiens conservaient leurs longues barbes et de courts pourpoints de différentes couleurs, tailladés, brodés et garnis de plus de franges qu'on n'en portait dans l'occident de l'Europe.

Beaucoup de serviteurs, jeunes et vieux, étaient debout dans le pavillon, prenaient part de temps en temps à la conversation, et recevaient de leurs maîtres les restes du banquet, qu'ils dévoraient derrière les convives. On voyait des bouffons, des nains et des ménestrels en nombre plus qu'ordinaire, et ils faisaient plus de bruit et se permettaient plus de licence qu'on ne l'aurait souffert dans une société mieux réglée. Comme le vin ne leur manquait pas, le tumulte, qui semblait leur être permis, n'en était que plus expressif.

Au milieu de cette confusion et de ces clameurs, qui auraient mieux convenu à une taverne allemande qu'à la tente d'un prince souverain, l'archiduc était servi avec toutes les formalités d'un respect minutieux qui montrait combien il attachait d'importance à maintenir son rang et à exiger tout ce qui lui était dû. Des pages de sang noble le servaient à genoux; il mangeait sur de la vaisselle d'argent, et buvait ses vins du Rhin et de Tokai dans une coupe d'or. Son manteau ducal était orné d'hermine; sa couronne de duc pouvait égaler par le prix celle d'un roi, et ses pieds, enfermés dans des souliers de velours dont la longueur, en y comprenant la pointe, pouvait être de deux pieds, reposaient sur un tabouret d'argent massif. Mais ce qui servait en partie à indiquer le caractère du prince, c'était que, tout en désirant de montrer des égards au marquis de Montserrat qu'il avait poliment placé à sa droite, il accordait beaucoup plus d'attention à son *Spruch-sprecher*, ou diseur privilégié de bons mots, qui se tenait derrière l'épaule droite de l'archiduc.

Ce personnage était richement costumé, portant un manteau et un pourpoint de velours noir décoré de diverses pièces d'or et d'argent, qu'il y avait attachées en mémoire de la munificence des princes qui lui en avaient fait présent; il avait un petit bâton auquel étaient suspendues par des anneaux des pièces d'argent, qu'il faisait sonner quand il allait dire quelque chose digne d'attention. Son rang dans la maison de l'archiduc tenait le milieu entre ceux de ménestrel et de conseiller; il était tour à tour flatteur, poète et orateur; tous ceux qui désiraient obtenir les bonnes graces du prince cherchaient en général à gagner celles de son *Spruch-sprecher*.

De peur qu'une trop forte dose de la sagesse de cet officier ne devînt fatigante, on voyait, à gauche de l'archiduc, son *hoff-narr* ou bouffon de cour, nommé Jonas Schwanker, qui faisait presque autant de bruit avec les clochettes attachées à son bonnet et à sa marotte que le *Spruch-sprecher* avec son bâton garni de pièces d'argent.

Ces deux personnages alternaient pour faire entendre des balivernes graves ou comiques, tandis que leur maître, riant et applaudissant, examinait pourtant avec soin la physionomie de son hôte, pour voir quelle impression faisaient sur un cavalier si accompli tous ces frais d'éloquence et d'esprit autrichien. Il serait difficile de dire lequel du champion de la sagesse ou de celui de la folie contribuait le plus à l'amusement de la compagnie, ou avait la plus grande part dans la faveur du prince leur maître; l'un et l'autre semblaient parfaitement accueillis. Quelquefois ils se disputaient la parole, et faisaient sonner à l'envi l'un de l'autre, celui-ci ses clochettes, celui-là ses pièces d'argent; mais en général ils paraissaient en bonne intelligence, et ils étaient si accoutumés à se faire valoir l'un l'autre, que le *Spruch-sprecher* avait quelquefois la condescendance d'ajouter une explication aux traits d'esprit du bouffon, pour les mettre plus à la portée des auditeurs, de sorte que la sagesse de l'un devenait une sorte de commentaire sur la folie de l'autre. Pour s'acquitter envers son collègue, le *hoff-narr* faisait souvent suivre d'une plaisanterie la conclusion d'une harangue ennuyeuse de l'orateur.

Quels que pussent être ses véritables sentimens, Conrad eut grand soin que sa physionomie n'exprimât qu'une satisfaction complète de tout ce qu'il entendait. Il souriait et applaudissait avec autant d'enthousiasme en apparence que l'archiduc lui-même à la folie solennelle du *Spruch-sprecher*, à l'esprit imperceptible du fou.

Le politique italien épiait l'instant où l'un ou l'autre introduirait dans la conversation un sujet favorable à l'objet dont il était principalement occupé.

Il ne se passa pas long-temps sans que le roi d'Angleterre fût mis sur le tapis par le bouffon, qui était accoutumé à regarder Dick-au-Genêt (1) comme un sujet agréable et inépuisable de plaisanteries. L'orateur garda le silence, et ce ne fut que lorsque le marquis lui eut demandé l'explication de ces mots, qu'il lui dit que le genêt était un emblème d'humilité, et qu'il serait à propos que ceux qui s'en paraient se rappelassent cette espèce d'avis.

Ce peu de mots expliquèrent suffisamment l'allusion au symbole de l'illustre maison de Plantagenet, et Jonas Schwanker fit observer que ceux qui s'étaient humiliés n'en avaient été que plus élevés.

— Honorez ceux à qui l'honneur est dû, dit le marquis de Montserrat ; nous avons tous eu quelque part à ces marches et à ces batailles, et il me semble que les autres princes pourraient réclamer une faible partie du renom que les ménestrels et les *minne-singers* attribuent exclusivement à Richard d'Angleterre. Aucun des maîtres de la gaie science n'a-t-il une chanson en l'honneur de notre hôte illustre, l'archiduc royal d'Autriche ?

(1) Abréviation familière de Richard Plantagenet. — Éd.

Trois *minne-singers* s'avancèrent, et commencèrent en même temps à chanter en s'accompagnant de leur harpe. Le silence fut imposé à deux d'entre eux, non sans difficulté, par le *Spruch-sprecher*, qui semblait remplir les fonctions d'intendant des menus-plaisirs, et l'on écouta le poète préféré, qui chanta en allemand des stances que l'on peut traduire ainsi qu'il suit :

> Quel brave chef nous conduira
> Au champ d'honneur où la croix nous appelle ?
> C'est celui qui rassemblera
> De cavaliers la troupe la plus belle,
> Qui montrera le plus de zèle,
> Et qui plus haut la tête portera.

Ici l'orateur, remuant son bâton pour faire sonner ses pièces d'argent, expliqua à la compagnie ce qu'on n'aurait peut-être pas compris d'après cette description poétique, que le chef dont il était question dans cette strophe n'était autre que l'illustre prince leur hôte, et tous les convives, se versant rasade, burent en portant l'acclamation : *Hoc lebe der Herzog Leopold* (1) !

Le poète continua :

> Ne me demandez pas pourquoi
> La fière Autriche élève sa bannière
> Plus haut que le plus puissant roi :
> Ou demandez pourquoi, quittant la terre,
> L'aigle, d'une aile téméraire,
> Vers le soleil s'élève sans effroi.

L'orateur chargé d'expliquer tout ce qui pouvait paraître obscur dit alors : — L'aigle orne l'écu de notre noble seigneur l'archiduc, de Sa Grâce royale, devrais-

---

(1) Longue vie à l'archiduc Léopold ! — ÉD.

je dire : et l'aigle est de tous les oiseaux celui qui vole le plus haut, et qui s'approche le plus du soleil.

— Le lion ici a pourtant pris les devans sur l'aigle, dit Conrad négligemment.

L'archiduc rougit, et fixa les yeux sur le marquis de Montserrat, tandis que le *Spruch-sprecher* lui répondait, après un moment de silence : — Le noble marquis me pardonnera ; un lion ne peut voler par-dessus un aigle, parce qu'il n'a pas d'ailes.

— Excepté le lion de Saint-Marc, dit le bouffon.

— C'est la bannière des Vénitiens, dit l'archiduc ; mais bien certainement cette race amphibie, moitié nobles, moitié marchands, n'oserait mettre son rang en comparaison avec le nôtre.

— Ce n'était pas du lion de Venise que je parlais, dit le marquis de Montserrat ; c'était des trois lions d'Angleterre. Jadis ils n'étaient, dit-on, que léopards ; mais ils sont devenus de vrais lions, et il faut qu'ils aient la préséance sur tous les quadrupèdes, tous les oiseaux et tous les poissons, ou malheur à qui leur résistera.

— Parlez-vous sérieusement, marquis ? demanda l'Autrichien, dont la tête était échauffée par le vin. Croyez-vous que Richard d'Angleterre prétende avoir quelque supériorité sur les souverains libres qui ont été volontairement ses alliés dans cette croisade ?

— Je n'en juge que sur les apparences, répondit Conrad. Voilà sa bannière déployée seule au milieu de notre camp, comme s'il était roi et généralissime de toute l'armée chrétienne.

— Et vous endurez cela si patiemment ! Et vous en parlez d'un ton si froid ! dit l'archiduc.

— Il ne peut appartenir au pauvre marquis de Montserrat, répliqua Conrad, de réclamer contre une injure à laquelle se soumettent avec tant de patience des princes aussi puissans que Philippe de France et Léopold d'Autriche : l'ignominie qu'il vous plaît de supporter ne peut être un déshonneur pour moi.

Léopold serra le poing, et en donna un grand coup sur la table.

— J'ai dit cela à Philippe, s'écria-t-il; je l'ai souvent averti qu'il était de notre devoir de protéger les princes inférieurs contre l'esprit usurpateur de cet insulaire. Mais il me répond toujours en faisant valoir froidement les relations qui existent entre eux comme suzerain et vassal, et prétend qu'il serait impolitique à lui d'en venir à une rupture ouverte dans un moment comme celui-ci.

— Le monde sait que Philippe est prudent, dit le marquis, et il attribuera sa soumission à la politique. Quant à celle de l'archiduc d'Autriche, lui seul peut en rendre compte; mais je ne doute pas qu'il n'ait d'excellentes raisons pour se soumettre à la domination anglaise.

— Moi, me soumettre ! s'écria Léopold avec indignation. Moi, archiduc d'Autriche, membre si important du saint empire romain, me soumettre à ce roi de la moitié d'une île, à ce petit-fils d'un bâtard normand ! Non, de par le ciel ! Le camp et toute la chrétienté verront si je sais me rendre justice à moi-même, et si je cède un pouce de terrain à ce boûle-dogue anglais. Levez-vous, messieurs, levez-vous, et suivez-moi. Nous-même, de notre propre main, et sans perdre un moment, nous planterons l'aigle d'Autriche dans une situation où cette bannière flottera aussi haut qu'on a jamais vu flotter l'étendard d'aucun roi ou d'aucun César.

A ces mots, il se leva de table, et, au milieu des acclamations tumultueuses de ses convives et de toute sa suite, il sortit de son pavillon, et saisit sa bannière arborée devant la porte.

— Ne craignez-vous pas, dit Conrad feignant d'intervenir, que ce ne soit une tache pour votre sagesse que de faire un semblable coup à une pareille heure ? Peut-être vaudrait-il mieux vous soumettre un peu plus long-temps à la domination de l'Angleterre, que de.....

— Pas une heure, pas un moment de plus ! cria l'archiduc ; et, portant lui-même sa bannière, il marcha à grands pas, à la tête d'un nombreux cortège, vers la hauteur formant le point central du camp : dès qu'il y fut arrivé, il y porta la main pour l'arracher.

— Mon maître, mon cher maître ! s'écria Jonas Shwanker en lui entourant le corps de ses bras, prenez bien garde ; les lions ont des dents.

— Et les aigles ont des serres, répondit l'archiduc ayant toujours la main autour de la pique qui soutenait la bannière d'Angleterre, mais paraissant hésiter à l'arracher.

L'orateur, qui, malgré son occupation ordinaire, avait cependant quelques intervalles de bon sens, agita vivement son bâton sonore, et Léopold, comme par habitude, tourna la tête vers son conseiller.

— L'aigle est le roi des oiseaux de l'air, dit le *Spruchsprecher*, comme le lion est le monarque des animaux. Chacun d'eux a son domaine, aussi séparé de celui de l'autre que l'Angleterre l'est de l'Allemagne. Noble aigle, ne déshonorez pas le lion, et laissez les deux bannières flotter en paix l'une à côté de l'autre.

Léopold retira à lui la main qui avait saisi la pique, et se retourna pour chercher Conrad de Montserrat; mais il ne l'aperçut pas, car, dès que le marquis avait vu qu'il avait réussi dans ses projets, il s'était retiré de la foule, après avoir eu soin d'exprimer devant plusieurs spectateurs neutres son regret que Léopold eût choisi l'instant où il sortait de table pour se venger d'une injure. Ne voyant pas celui auquel il aurait désiré particulièrement s'adresser, il dit tout haut que, ne voulant pas répandre la dissension dans l'armée de la croix, il se bornerait à faire valoir ses privilèges et le droit qu'il avait d'être sur le pied de l'égalité avec le roi d'Angleterre, sans désirer, comme il aurait pu le faire, d'élever sa bannière, qu'il tenait des empereurs ses ancêtres, au-dessus de celle d'un simple descendant des comtes d'Anjou; et il finit par ordonner qu'on apportât un tonneau de vin et qu'on le mît en perce pour régaler les spectateurs, qui, au bruit du tambour et au son de la musique, se mirent à faire une orgie autour de l'étendard d'Autriche.

Cette scène de désordre ne se passa pas sans tumulte, et l'alarme se répandit dans tout le camp.

Cependant le moment critique était arrivé où El Hakim avait déclaré, d'après les règles de son art, que son malade royal pouvait être éveillé sans danger. Le médecin n'eut pas besoin de réfléchir long-temps pour assurer le baron de Gilsland que la fièvre avait entièrement quitté son souverain, et que telle était la force naturelle de sa constitution, qu'il ne serait pas nécessaire de lui donner une seconde dose de ce breuvage puissant, comme il fallait le faire dans certains cas. Richard parut être du même avis ; car, se mettant sur son séant, et se frottant les yeux, il demanda à De Vaux quelle somme d'argent se trouvait alors dans la cassette royale.

Le baron répondit qu'il ne pouvait le dire très-précisément.

— N'importe, dit le roi ; qu'elle soit modique ou considérable, donnez-la tout entière à ce savant médecin, qui m'a rendu, je crois, au service de la croisade ; et, s'il s'y trouve moins de mille besans, complétez cette somme en lui donnant des bijoux.

— Je ne vends pas la science qu'il a plu à Allah de m'accorder, répondit le médecin maure, et sachez, grand prince, que le breuvage divin que vous avez pris perdrait toute sa vertu dans mes mains indignes si je l'échangeais pour de l'or ou des diamans.

— Il refuse un salaire ! pensa De Vaux. Ce refus est encore plus extraordinaire en lui que son âge de cent ans.

—Thomas de Vaux, dit Richard, tu ne connais de courage que celui du glaive, de vertus que celles de la chevalerie.—Je te dis que ce Maure, dans son indépendance, pourrait servir d'exemple à ceux qui se regardent comme la fleur des chevaliers.

— C'est une récompense assez grande pour moi, dit El Hakim en croisant les bras sur sa poitrine dans une attitude qui annonçait autant de respect qu'elle était pleine de dignité, que d'entendre un aussi grand roi que Melec Ric parler ainsi de son serviteur. — Mais permettez-moi de vous prier de vous tranquilliser encore quelque temps ; car, quoique je croie qu'il est inutile de vous administrer une seconde dose de cette divine potion, il pourrait être dangereux de vous exposer trop tôt à la fatigue avant que vous ayez entièrement recouvré vos forces.

— Il faut que je t'obéisse, Hakim, répondit le roi. Cependant, crois-moi, mon cœur se sent si complètement délivré de ce feu dévorant qui le consumait depuis tant de jours, que je me sentirais en état de résister à la lance du plus brave champion. Mais écoutez ! Que signifient ces cris et cette musique qu'on entend de loin dans le camp ? Thomas de Vaux, allez aux informations.

De Vaux obéit, et revint après une minute d'absence.

— C'est l'archiduc Léopold, dit-il, qui fait une promenade dans le camp avec ses compagnons de bouteille.

— Le fou ! l'ivrogne ! s'écria Richard ; ne peut-il cacher son ivrognerie brutale dans l'intérieur de son pavillon, sans faire parade de sa honte en face de toute la chrétienté ? Eh bien ! qu'avez-vous à nous dire, sire marquis ? dit-il à Conrad de Montserrat, qui entrait en ce moment dans sa tente.

— Que je me félicite, très-honoré prince, répondit le marquis, de voir Votre Majesté en convalescence et presque rendue à la santé ; et c'est là un long discours pour quelqu'un qui vient de quitter la table de l'archiduc d'Autriche.

— Quoi ! vous avez dîné avec le sac-à-vin allemand ! s'écria le monarque anglais. Et quelle nouvelle folie le porte donc à faire tant de tapage ? En vérité, sire Conrad, je vous avais regardé jusqu'ici comme un ami de la joie, et je suis surpris que vous ayez quitté une pareille fête.

De Vaux, qui était un peu derrière le roi, se mit à la torture pour faire entendre au marquis, en clignant les yeux et en lui faisant différens signes, qu'il ne fallait pas apprendre à Richard ce qui se passait dans le camp; mais Conrad ne le comprit pas ou ne voulut pas le comprendre.

— Ce que fait l'archiduc, répondit-il, n'a d'importance pour personne, et en a encore moins pour lui-même, car très-probablement il ne sait pas ce qu'il fait. Cependant, pour dire la vérité, il prend un amusement que je ne me soucierais pas de partager, car il abat la bannière d'Angleterre, qui est arborée sur le mont Saint-George, au milieu du camp, pour y planter la sienne en place.

— Que dis-tu? s'écria le roi d'un ton qui aurait éveillé un mort.

— Sire, répondit le marquis, il ne faut pas que Votre Majesté se mette en courroux parce qu'il plaît à un fou de faire des folies.

— Qu'on ne me parle pas, s'écria Richard sautant à bas de son lit et s'habillant avec une célérité qui semblait merveilleuse. Ne parlez pas, marquis de Montserrat. Pas un seul mot, De Multon, je te le défends. Celui qui prononcera une syllabe n'est pas l'ami de Richard Plantagenet. Silence! Hakim, je te l'ordonne.

Pendant ce temps, le roi mettait à la hâte ses vêtemens, et, en prononçant le dernier mot, il saisit son épée suspendue à un des piliers de sa tente, et, sans autres armes, sans ordonner à personne de le suivre, il se précipita hors du pavillon. Conrad, levant les bras comme dans le plus grand étonnement, paraissait disposé à entrer en conversation avec De Vaux; mais sir Thomas, le repoussant rudement, sortit de la tente, et appelant un des écuyers du roi, lui dit à la hâte : Cours au quartier de lord Salisbury, dis-lui de faire prendre les armes à sa troupe et de me suivre sur-le-champ au mont Saint-George. Dis-lui que la fièvre du roi a quitté son sang, et s'est fixée dans son cerveau.

Surpris de la précipitation avec laquelle lord de Vaux lui parlait, l'ayant à peine entendu, et le comprenant encore moins, l'écuyer exécuta les ordres qu'il venait de recevoir; ses compagnons, quittant le pavillon du roi, coururent aux tentes des nobles qui en étaient voisines, et répandirent dans tout le quartier anglais une alarme aussi générale que la cause en paraissait vague.

Les soldats, éveillés en sursaut du sommeil dont la chaleur du climat leur avait appris à connaître le prix dans l'instant de la journée où les rayons du soleil ont le plus d'ardeur, se demandaient les uns aux autres quelle pouvait être la cause de ce tumulte soudain; et, sans attendre de réponse, suppléaient par leur imagination aux informations qui leur manquaient. Les uns disaient que les Sarrasins étaient dans le camp; les autres, qu'on avait voulu assassiner le roi; plusieurs, qu'il était mort de la fièvre la nuit précédente; un grand nombre, qu'il avait été tué par l'archiduc d'Autriche. Les nobles et les officiers, aussi embarrassés que les soldats pour deviner la véritable cause de ce désordre, ne songeaient qu'à mettre leurs troupes sous les armes et en bon ordre, de crainte que leur témérité n'attirât quelque grand malheur sur l'armée croisée. Les trompettes anglaises sonnaient le boute-selle. Les cris d'alarmes : — Archers et hommes d'armes ! hommes d'armes et archers ! étaient continuellement répétés autour de chaque tente, et les soldats, en arrivant, y répondaient par leur cri national :—Saint George et l'Angleterre !

L'alarme se répandit de proche en proche, et les soldats de toutes les nations, réunis dans un camp où l'on pouvait dire que tous les peuples de la chrétienté avaient leurs représentans, coururent aux armes au milieu d'une confusion générale dont ils ne connaissaient ni la cause ni l'objet. Néanmoins, pendant une scène dont l'aspect était si menaçant, le comte de Salisbury, avant de partir, à la tête d'un petit nombre d'hommes d'armes d'élite, pour le rendez-vous que lui avait fait donner Thomas de Vaux, ordonna heureusement que le reste de l'armée anglaise restât dans ses quartiers, qu'on la fît mettre sous les armes, et qu'on la tînt prête à marcher au secours de Richard si la nécessité l'exigeait, mais en bon ordre, avec discipline, et non avec cette précipitation tumultueuse que le zèle et les alarmes pour la sûreté du roi auraient pu inspirer.

Cependant, sans s'inquiéter un seul instant des cris, des exclamations et du tumulte, qui commençaient à redoubler autour de lui, Richard, avec des vêtemens en désordre et son épée dans son fourreau, se dirigeait en courant vers le mont Saint-George, n'ayant à sa suite que Thomas de Vaux et deux officiers de sa maison.

Il devança même l'alarme que son impétuosité avait excitée, et il traversa le quartier où étaient campées ses braves troupes d'Anjou, de Normandie, de Poitou et de Gascogne, avant qu'elle s'y fût répandue, quoiqu'un grand nombre de soldats eussent été éveillés par le bruit que faisaient les ivrognes allemands, et se fussent levés par curiosité. Mais le chevalier du Léopard, ayant reconnu la personne du roi, et remarqué la hâte avec laquelle il courait, convaincu qu'on était menacé de quelque danger, saisit à la hâte son épée et son bouclier, afin de le partager, et se joignit à De Vaux, qui pouvait à peine suivre les pas de son maître impatient. De Vaux ne put répondre à un regard de curiosité que lui jeta le chevalier écossais qu'en levant les épaules.

Le roi fut bientôt au pied du mont Saint-George, dont la rampe et la plate-forme étaient couvertes par un rassemblement considérable de soldats : c'étaient les gens de la suite de l'archiduc d'Autriche qui célébraient, en poussant de grands cris de joie, ce qu'ils regardaient comme un acte de justice envers leur honneur national. Le reste de cette foule se composait de spectateurs de différentes nations, que la haine de l'Angleterre ou la curiosité avaient attirés pour voir quelle serait la fin de cette scène extraordinaire. Richard se fraya un chemin à travers cette multitude en désordre, comme un navire s'ouvre un passage au milieu des vagues écumantes, sans s'inquiéter si elles se joignent derrière lui en mugissant.

Sur la plate-forme supérieure du mont Saint-George on voyait flotter les deux bannières rivales, autour desquelles étaient encore assemblés les amis et les partisans de l'archiduc. Au milieu de ce cercle, on voyait Léopold lui-même contemplant avec satisfaction le résultat de l'exploit par lequel il venait de s'illustrer, et écoutant les acclamations et les applaudissemens. Tandis qu'il était dans cet état de contentement de lui-même, Richard se jeta au milieu de cette troupe, n'étant suivi que de deux hommes à la vérité, mais ayant une armée irrésistible dans son énergie impétueuse.

— Qui a osé, s'écria-t-il en portant la main sur l'étendard autrichien, et parlant d'une voix semblable au son qui précède un tremblement de terre; qui a osé placer ce misérable haillon à côté de la bannière d'Angleterre?

L'archiduc ne manquait pas de courage personnel, et il était impossible qu'il entendît une semblable question sans y répondre. Cependant il fut tellement surpris et troublé par l'arrivée inattendue de Richard, et frappé du respect involontaire qu'inspirait le caractère ardent et redoutable de ce monarque, que la même question fut répétée une seconde fois avant qu'il répondit avec une apparence de résolution:

— C'est moi, moi Léopold d'Autriche.

— Eh bien, répliqua Richard, Léopold d'Autriche verra donc le cas que fait Richard d'Angleterre de sa bannière et de ses prétentions.

A ces mots il arracha de terre la pique qui soutenait l'étendard, la brisa en morceaux, et foula aux pieds la bannière.

— C'est ainsi que je traite la bannière d'Autriche, ajouta-t-il. Parmi vos chevaliers teutoniques, y en a-t-il un qui ose le trouver mauvais?

Il y eut un moment de silence, mais il n'y a pas d'hommes plus braves que les Allemands.

— Moi! moi! moi! s'écrièrent plusieurs chevaliers de la suite de l'archiduc, et lui-même ajouta sa voix à celles qui répondaient au défi du roi d'Angleterre.

— Pourquoi tant de délais? s'écria le comte de Wallenrode, guerrier d'une taille gigantesque, venu des frontières de la Hongrie. Frères, nobles compatriotes, cet homme foule aux pieds l'honneur de notre pays. Vengeons-nous de cette insulte, et à bas l'orgueil de l'Angleterre!

À ces mots il tira son épée, et en porta à Richard un coup qui aurait été fatal, si le chevalier écossais ne se fût précipité en avant, et ne l'eût reçu sur son bouclier.

— J'ai fait serment, dit Richard, dont la voix se fit entendre au-dessus du tumulte qui était alors à son comble, de ne jamais frapper un homme dont l'épaule porte la croix. Vis donc, Wallenrode, mais vis pour te souvenir de Richard d'Angleterre.

En parlant ainsi, il entoura de ses bras la taille du géant hongrois, et, n'ayant son égal ni à la lutte ni dans aucun des autres exercices militaires, il le jeta en arrière avec une telle violence, que son corps, comme s'il eût été lancé par une des machines de guerre de ce temps-là, traversa le cercle des spectateurs jusqu'au bord de la plate-forme, et roula le long de la rampe jusqu'au pied de la hauteur, où le comte resta comme mort, avec une épaule disloquée.

Cette preuve d'une force presque surnaturelle n'engagea ni l'archiduc, ni aucun de ceux qui étaient à sa suite, à renouveler une lutte commencée sous de si fâcheux auspices. À la vérité, ceux qui étaient dans les rangs les plus éloignés agitaient leurs épées en l'air, et s'écriaient : — Taillez en pièces ce boule-dogue insulaire! Mais ceux qui en étaient plus près couvraient peut-être leurs craintes personnelles d'un respect affecté pour le bon ordre, et s'écriaient pour la plupart : — Paix! paix! la paix de la croix; la paix de la sainte Église; la paix de notre saint père le pape!

Ces cris divers des assaillans montraient leur irrésolution, tandis que Richard tenait le pied toujours appuyé sur la bannière archiducale; ses regards semblaient chercher un ennemi, et faisaient baisser les yeux aux nobles autrichiens qui l'entouraient, mais à quelque distance, comme s'ils eussent redouté la griffe menaçante d'un lion. De Vaux et le chevalier du Léopard étaient à ses côtés ; et, quoique leurs épées fussent encore dans le fourreau, il était aisé de voir qu'ils étaient prêts à défendre Richard jusqu'à la dernière goutte de leur sang, et leur taille et leur force remarquables prouvaient que la défense serait désespérée.

Salisbury approchait aussi avec sa troupe, les lances et les pertuisanes en avant, et les arcs déjà bandés.

En ce moment, Philippe, roi de France, accompagné de deux de ses nobles, arriva sur la plate-forme pour s'informer de la cause de ce tumulte, et il fit un geste de surprise en voyant le roi d'Angleterre hors du lit où la maladie l'avait retenu si long-temps, et faisant face à leur allié commun, l'archiduc d'Autriche, avec un air de menace et d'outrage. Richard lui-même rougit d'être trouvé par Philippe, dont il respectait la prudence autant qu'il aimait peu sa personne, dans une attitude qui ne convenait ni à sa dignité comme monarque, ni à son caractère comme croisé. On remarqua que son pied, se retirant en arrière comme par hasard, cessa d'appuyer sur la bannière déshonorée, et ses traits, qui annonçaient une violente émotion, prirent une expression affectée d'indifférence et de sang-froid. Léopold fit aussi des efforts pour montrer un certain calme, quelque mortifié qu'il fût d'avoir un nouveau témoin de sa soumission aux insultes de l'impétueux roi d'Angleterre.

Doué de ces grandes qualités qui lui firent donner par ses sujets le surnom d'Auguste, Philippe aurait pu être appelé l'Ulysse de la croisade, comme Richard en était l'Achille. Le roi de France était sage, prudent, réfléchi dans le conseil, ferme et calme lorsqu'il s'agissait d'agir ; il savait trouver les mesures les plus convenables aux intérêts de son royaume, et il les suivait avec constance; enfin il avait un port plein de dignité et vraiment royal, et ne manquait pas de bravoure. Plus politique que guerrier, il n'aurait pas pris part à la croisade par choix ; mais l'esprit du siècle était contagieux, et il avait été conduit à cette expédition, tant par les instances de l'Église que par les désirs unanimes de toute sa noblesse. Dans toute autre situation, et dans un siècle plus éclairé, sa renommée se serait élevée plus haut que celle du téméraire Cœur-de-Lion. Mais dans la croisade, entreprise tout-à-fait déraisonnable en elle-même, une raison saine était de toutes les qualités celle dont on faisait le moins de cas, et l'on croyait que la valeur chevaleresque, unie à la sagesse, était presque dégradée par cette alliance. Ainsi le mérite de Philippe, comparé à celui de son hautain rival, était comme la lueur claire, mais faible, d'une lampe placée près du vif éclat d'une torche, qui, sans être à moitié aussi utile, agit de plus loin sur les yeux.

Philippe savait que l'opinion publique le plaçait à un rang inférieur, et il en éprouvait le dépit naturel à un prince d'un esprit élevé. On ne peut donc être surpris qu'il saisit toutes les occasions qui se présentaient de mettre son caractère en contraste avec celui de son rival, sous le jour le plus avantageux. Celle qui s'offrait en paraissait une dans laquelle le calme et la prudence pourraient raisonnablement se promettre de l'emporter sur la violence et l'obstination.

— Que signifie cette querelle malséante, demanda-t-il, entre deux princes qui se sont juré fraternité en prenant la croix? Qu'est-il survenu entre Sa Majesté le roi d'Angleterre et Son Altesse l'archiduc d'Autriche? Comment peut-il se faire que ceux qui sont les chefs et les piliers de cette sainte expédition.....

— Trève de remontrances, Philippe! s'écria Richard, outré au fond du cœur de se voir placé sur une espèce de niveau avec Léopold, et ne sachant trop comment en montrer son ressentiment. Cette altesse, cet archiduc, ce pilier, si vous le voulez, a fait l'insolent, et je l'en ai châtié : voilà toute l'affaire. Il ne faut pas tant de bruit parce qu'on corrige un chien hargneux.

— Roi de France, dit l'archiduc, j'en appelle à vous, et à tous les princes souverains, de l'indignité avec laquelle je viens d'être traité. Ce roi d'Angleterre a abattu ma bannière, il l'a déchirée, il l'a foulée aux pieds.

— Parce qu'il avait eu l'audace de la planter à côté de la mienne, dit Richard.

— Mon rang, égal au tien, m'en donnait le droit, répondit l'archiduc, enhardi par la présence de Philippe.

— Parle-moi d'égalité, s'écria Richard, et, par saint George! je traiterai ta personne comme j'ai traité ton mouchoir brodé que voilà, et qui n'est bon qu'à être employé à l'usage le plus vil.

— Un peu de patience, mon frère d'Angleterre, dit le roi Philippe; et dans un instant je ferai comprendre à l'archiduc qu'il est dans l'erreur sur ce point. Ne croyez pas, noble Léopold, continua-t-il, qu'en permettant que la bannière d'Angleterre occupe le point le plus élevé de notre camp nous ayons, nous souverains indépendans des croisés, reconnu aucune supériorité dans le roi Richard. Ce serait une inconséquence de le croire, puisque l'oriflamme même, la grande bannière de France, dont le roi Richard, en ce qui concerne ses possessions françaises, n'est que le vassal, occupe en ce moment une situation inférieure aux Lions d'Angleterre. Mais nous étant juré fraternité sur la croix, étant des pèlerins militaires qui, laissant de côté la pompe, l'orgueil de ce monde, nous frayons un chemin, le glaive à la main, vers le saint sépulcre, moi et les autres princes, par respect pour le renom et les glorieux faits d'armes du roi Richard, nous lui avons cédé cette préséance, que partout ailleurs et sans ce motif nous ne lui aurions pas accordée. Je suis convaincu que lorsque vous aurez réfléchi à ce que je viens de vous dire, vous exprimerez votre regret d'avoir élevé votre bannière en ce lieu, et qu'alors Sa Majesté le roi d'Angleterre vous fera satisfaction de l'insulte dont vous vous plaignez.

Le *Spruch-sprecher* et le *hoff-narr* s'étaient retirés à une distance respectueuse quand il paraissait y avoir à craindre qu'on en vînt aux coups; mais ils se rapprochèrent en voyant qu'on avait recours aux paroles; ce qui remettait en honneur leurs fonctions pacifiques.

L'homme à sentences fut si enchanté du discours politique de Philippe, que lorsque le roi eut cessé de parler il secoua son bâton avec force; et, oubliant en présence de qui il se trouvait, il s'écria avec emphase :

— De toute ma vie je n'ai jamais rien dit de plus sage.

— Cela peut être, lui dit Jonas Schwanker à demi-voix; mais nous serons fustigés si vous parlez si haut.

L'archiduc répondit avec humeur qu'il référerait de cette querelle au conseil général de la croisade. Philippe applaudit à cette résolution, qui semblait devoir mettre fin à un scandale capable de devenir funeste à toute la chrétienté.

Richard, conservant toujours la même attitude d'insouciance, écouta Philippe jusqu'à ce que la source de son éloquence parût tarie, et dit ensuite à haute voix :
— Je me sens assoupi ; je crois que j'ai encore un reste de cette maudite fièvre. Mon frère de France, tu connais mon humeur ; tu sais que, dans aucun cas, je n'ai beaucoup de mots à dire. Apprends donc, une fois pour toutes, que je ne soumettrai une affaire qui touche l'honneur de l'Angleterre, ni à aucun prince, ni à un conseil, ni au pape même. Voici ma bannière ; si l'on en arbore une autre à une distance de trois traits d'arbalète, fût-ce même l'oriflamme, dont je crois que vous parliez il n'y a qu'un instant, elle sera traitée aussi ignominieusement que vient de l'être cette guenille. Je n'accorderai d'autre satisfaction que celle que peuvent rendre ces membres malades dans la lice, si on osait m'y appeler ; oui, s'y trouvât-il cinq champions contre moi.

— Maintenant, dit le bouffon à l'oreille de son compagnon, voilà des paroles aussi folles que si je les avais prononcées moi-même ; et je crois pourtant qu'il pourrait se trouver dans cette affaire encore un plus grand fou que Richard.

— Et qui donc ? demanda l'homme sentencieux.

— Philippe ou Léopold, répondit le *hoff-narr*, si l'un d'eux acceptait le défi. Mais, sage *Spruch-sprecher*, quels excellens roi, toi et moi, nous aurions été, puisque ceux sur la tête de qui il est tombé des couronnes jouent le rôle de fou et de diseur d'apophthegmes tout aussi bien que nous-mêmes !

Tandis que ces dignes collègues remplissaient entre eux et à part leurs fonctions ordinaires, Philippe répondit avec sang-froid au défi presque injurieux de Richard.

— Je ne suis pas venu ici, dit-il, pour éveiller de nouvelles querelles, aussi contraires à nos sermens qu'à la sainte cause que nous avons embrassée. Je quitte mon frère d'Angleterre comme des frères doivent se quitter; et il n'y aura de querelle entre les lions d'Angleterre et les lis de France que pour savoir qui pénétrera le plus avant dans les rangs des infidèles.

— C'est un marché conclu. mon frère, s'écria Richard en lui tendant la main avec toute la franchise de son caractère généreux dans son impétuosité; puissions-nous trouver bientôt l'occasion de vider cette noble querelle !

— Que le noble archiduc partage aussi notre amitié en cet heureux moment ! dit Philippe; et Léopold s'approcha d'un air sombre, comme pour entrer en conciliation, moitié de gré, moitié par contrainte.

— Je ne songe ni aux fous, ni à leur folie, dit Richard d'un ton insouciant; et l'archiduc, lui tournant le dos, se retira avec sa suite.

Richard le suivit des yeux quelques instans.

— Il y a une sorte de courage, dit-il ensuite, qui, comme le ver-luisant, ne se montre que la nuit. Pendant le jour l'œil du lion suffit pour protéger cette bannière; mais il ne faut pas que je la laisse sans défense pendant les ténèbres. Thomas de Gilsland, je te confie la garde de cet étendard; veille sur l'honneur de l'Angleterre.

— Le salut de l'Angleterre m'est encore plus cher, répondit Thomas de Vaux, et la vie de Richard est le salut de l'Angleterre. Il faut que je reconduise Votre Majesté à son pavillon, et cela sans plus de délai.

— Tu es un garde-malade opiniâtre, dit le roi à De Vaux en souriant; et, se tournant ensuite vers sir Kenneth, il ajouta : Brave Écossais, je te dois une récompense, et je te la paierai richement. Tu vois la bannière d'Angleterre, veille sur elle comme un novice veille sur ses armes la nuit qui précède le jour où il doit être armé chevalier; ne t'en éloigne pas de la longueur de trois lances, et défends-la contre toute insulte et toute injure. Si tu es attaqué par plus de trois personnes à la fois, sonne de ton cor. Te charges-tu de cette mission ?

— Très-volontiers, sire, répondit Kenneth, et je m'en acquitterai, à peine de perdre la tête. Je vais seulement chercher mes armes, et je reviens.

Les rois de France et d'Angleterre prirent alors cérémonieusement congé l'un de l'autre, cachant sous une apparence de courtoisie les sujets de plainte qu'ils avaient l'un contre l'autre : Richard contre Philippe à cause de ce qu'il regardait comme une intervention trop officieuse entre l'Autrichien et lui; Philippe contre Cœur-de-Lion à cause de la manière peu respectueuse dont celui-ci avait reçu sa médiation.

Les curieux que ce tumulte avait attirés s'éloignèrent alors de côté et d'autre, laissant l'éminence de Saint-George dans la même solitude qui y avait régné avant la bravade de l'archiduc. Chacun jugea les événemens du jour d'après les sentimens qui l'animaient; et, tandis que les Anglais accusaient l'Autrichien d'avoir lui seul occasioné la querelle, les autres nations s'accordaient à jeter le plus grand blâme sur l'orgueil insulaire et le caractère arrogant de Richard.

— Tu vois, dit le marquis de Montserrat au grand-maître des Templiers, que l'adresse est une voie plus sûre que la violence : j'ai relâché les nœuds qui unissaient ce faisceau de sceptres et de lances ; tu les verras bientôt se séparer en tombant.

— J'aurais regardé ton plan comme excellent, répondit le Templier, s'il se fût trouvé parmi ces Autrichiens à sang glacé un seul homme qui eût assez de courage pour couper d'un coup d'épée les nœuds dont tu parles. Le nœud qui n'est que relâché peut être resserré ; mais il n'en est pas de même quand la corde est coupée en morceaux.

CHAPITRE XII.

> « Mais où trouver citadelle assez forte,
> » Cœur de mortel armé de telle sorte,
> » Pour qu'on ne puisse enfin s'en emparer,
> » Ou par la ruse un jour y pénétrer?
> » Rien n'est certain ni stable sur la terre :
> » Le bras qu'armaient les foudres de la guerre
> » Cède à l'adresse et se voit désarmé :
> » Et le cœur froid, qui n'a jamais aimé,
> » A la beauté, dont il brave les charmes,
> » Cède à son tour et rend aussi les armes. »
>
> Spencer.

Dans les siècles de la chevalerie, un poste dangereux ou une aventure périlleuse étaient souvent une récompense accordée à la bravoure militaire comme une compensation pour ses premières épreuves. Il était minuit, et la lune brillait de tout son éclat quand le chevalier du Léopard était à son poste sur le mont Saint-George, près de la bannière d'Angleterre, sentinelle solitaire chargée de protéger l'emblème de cette nation contre les milliers d'ennemis que s'était faits l'orgueil de Richard.

De grandes pensées se succédaient l'une à l'autre dans l'esprit du guerrier écossais. Il lui semblait qu'il avait gagné quelque faveur aux yeux de ce monarque chevaleresque, qui jusqu'alors ne l'avait pas distingué parmi la foule de braves que sa renommée avait rangés sous sa bannière. Il s'inquiétait peu que la preuve qu'il venait de recevoir de l'estime du roi consistât à lui assigner un poste si périlleux : le dévouement de son amour ambitieux enflammait aussi son enthousiasme militaire. Quelque peu d'espoir que lui offrît cet attachement dans aucune circonstance, il lui semblait que ce qui venait de se passer diminuait quelque chose de la distance qui le séparait de celle qu'il aimait. Celui à qui Richard venait d'accorder une telle marque de confiance et de distinction n'était plus un aventurier de peu d'importance, mais un homme digne d'obtenir un regard d'une princesse, quoique encore bien loin de se trouver à son niveau. Son destin ne pouvait plus être maintenant ni obscur ni inconnu. S'il était surpris au poste qui lui était assigné, s'il perdait la vie en le défendant, son trépas, car il était déterminé à le rendre glorieux, mériterait les éloges de Cœur-de-Lion, appellerait la vengeance de ce prince, et serait suivi des regrets et même des larmes des beautés du sang le plus illustre de la cour d'Angleterre. Il n'avait plus lieu de craindre de mourir sans que sa mort excitât plus de sensation que celle d'un fou.

Sir Kenneth avait tout le loisir de se livrer à ces nobles idées et à d'autres du même genre que faisait naître dans son imagination cet esprit romanesque de chevalerie qui, au milieu de ses écarts les plus extravagans, était du moins pur de tout alliage d'égoïsme, généreux, fidèle, et peut-être seulement blâmable de se proposer un but incompatible avec les imperfections et la fragilité de notre nature. Autour de lui tout semblait livré au sommeil dans le calme du clair de lune ou dans la profondeur de l'ombre. Les rangs de tentes et de pavillons que faisaient briller les rayons de l'astre de la nuit ou que cachaient en partie les ténèbres, étaient silencieux comme les rues d'une cité déserte.

Près de la pique au haut de laquelle flottait la bannière royale était couché le grand lévrier dont nous avons déjà parlé, seul compagnon qu'eût Kenneth en montant sa garde, et sur la vigilance duquel il comptait pour l'avertir de bonne heure de l'approche de tout ennemi. Le noble animal semblait comprendre la faction de son maître, car il levait la tête de temps en temps pour regarder la bannière dont les riches replis se déployaient au gré du vent. Quand la voix des sentinelles placées aux défenses extérieures du camp se faisait entendre dans le lointain, il y répondait par un seul aboiement, comme pour annoncer qu'il veillait aussi à son poste; quelquefois il baissait la tête et remuait la queue quand le chevalier passait et repassait près de lui en se promenant près de la bannière; et quand sir Kenneth s'arrêtait, distrait et silencieux, appuyé sur sa lance et les yeux levés vers le ciel, son fidèle compagnon se hasardait quelquefois *à troubler ses pensées*, pour employer une phrase de roman, en poussant son museau sur sa main couverte d'un gantelet, pour en solliciter une caresse passagère : tout à coup cependant il se mit à aboyer avec fureur, et parut sur le point de s'élancer du côté où les ténèbres étaient le plus épaisses ; mais il attendit le signal de son maître, comme s'il eût été en lesse.

— Qui va là? s'écria Kenneth, convaincu que quelqu'un s'avançait dans l'obscurité.

— Au nom de Merlin et de Mangis, répondit une voix aigre et désagréable, retenez votre démon à quatre pattes, ou je n'approcherai pas de vous.

— Et qui es-tu pour vouloir approcher de mon poste? demanda le chevalier en fixant les yeux avec attention sur un objet qu'il voyait se mouvoir, mais dont il ne pouvait encore distinguer la forme; prends-y bien garde; il y va de la vie et de la mort.

— Je vous dis de retenir ce Satan à longues dents, ou je le conjurerai avec un trait de mon arbalète.

Et en même temps sir Kenneth entendit le bruit que fait cette arme quand on la bande.

— Débande ton arbalète, et montre-toi au clair de lune, s'écria l'Écossais, ou, par saint André, je te clouerai contre la terre, qui que tu sois.

A ces mots il saisit sa longue pique, et, fixant les yeux sur l'objet qui paraissait se mouvoir, il la brandit en l'air comme pour se préparer à l'usage qu'on faisait quelquefois de cette arme, quoique rarement, quand on n'avait pas d'autre trait à employer. Il fut pourtant presque honteux de sa précipitation lorsqu'il vit sortir de l'obscurité, comme un acteur qui arrive sur le théâtre, un être difforme qu'à sa taille et à son costume il reconnut, même à quelque distance, pour le nain de la chapelle d'Engaddi. Se rappelant en même temps les autres visions d'un genre bien différent qu'il avait eues en cette nuit mémorable, il fit à son chien un signe aussitôt compris, et l'animal revint se coucher au pied de la bannière en grondant sourdement.

Ce diminutif difforme de l'humanité, ne redoutant plus un ennemi si formidable, commença à monter la rampe assez escarpée du mont Saint-George, tâche que le peu de longueur de ses jambes rendait pénible, et arriva tout essoufflé sur la plate-forme du sommet. Alors faisant passer dans sa main gauche sa petite arbalète, qui n'était qu'un de ces jouets qu'on donnait alors aux enfans pour tirer sur des moineaux, et prenant une attitude de grande dignité, il étendait la main droite vers sir Kenneth, comme s'il se fût attendu à recevoir de lui un salut d'armes. Se trouvant trompé dans son attente, il s'écria d'une voix aigre et courroucée :

— Soldat, pourquoi ne rends-tu pas à Nebectamus les honneurs qui sont dus à sa dignité ? Serait-il possible que tu l'eusses oublié ?

— Grand Nebectamus, répondit le chevalier, voulant flatter l'humeur du nain, un pareil oubli serait difficile pour quiconque t'a vu une fois. Pardonne-moi cependant si, étant un soldat à son poste les armes à la main, je n'accorde pas à un être aussi formidable que toi l'avantage de pouvoir me prendre hors de garde, et de s'emparer de mes armes. Qu'il te suffise que je respecte ta dignité avec toute la soumission et l'humilité que peut montrer un homme d'armes en faction.

— Cela suffit, dit Nebectamus, pourvu que vous me suiviez sur-le-champ pour vous rendre en présence de ceux qui m'ont envoyé ici pour vous en donner l'ordre.

— Sire Nebectamus, répliqua le chevalier, je ne puis

te satisfaire sur ce point, car je dois rester près de cette bannière jusqu'au lever du soleil. Je te prie donc de m'excuser à cet égard.

A ces mots il se remit à se promener sur la plate-forme; mais le nain ne le laissa pas échapper si aisément à son importunité.

— Écoute-moi, sire chevalier, lui dit-il en se plaçant devant lui de manière à l'empêcher de marcher; il faut que tu m'obéisses, comme ton devoir l'exige, ou je te donnerai des ordres au nom de celle dont la beauté pourrait évoquer les génies de leur sphère et dont la grandeur pourrait commander à la race immortelle dont ils sont descendus.

Une conjecture étrange et invraisemblable se présentait à l'esprit de sir Kenneth; mais il la repoussa sur-le-champ. Il est impossible, pensa-t-il, que la dame de mes pensées ait employé un tel messager pour porter un pareil ordre! Cependant le chevalier ne répondit que d'une voix tremblante en affectant de sourire avec dédain.

— Ne plaisante pas, Nebectamus, et dis-moi sur-le-champ avec sincérité si la dame illustre dont tu parles n'est pas la houri que j'ai vue t'aider à balayer la chapelle d'Engaddi.

— Présomptueux chevalier! s'écria le nain, penses-tu que la maîtresse de nos affections royales, celle qui partage notre grandeur et notre beauté, voudrait s'abaisser jusqu'à envoyer un message à un vassal tel que toi? Non; quelque insigne honneur qui te soit accordé, tu n'as pas encore mérité l'attention de celle à qui, du haut de son élévation, les princes mêmes ne semblent que des pygmées. Regarde ceci, et, suivant que tu reconnaîtras ou ne reconnaîtras pas ce bijou, obéis ou refuse d'obéir.

En parlant ainsi, le nain remit au chevalier une bague ornée d'un superbe rubis, que, même au clair de lune, sir Kenneth reconnut sans peine pour celle que portait ordinairement au doigt la noble dame au service de laquelle il s'était consacré. S'il avait pu en conserver quelque doute, il aurait été convaincu par le petit nœud de ruban incarnat qui était attaché à la bague. C'était la couleur favorite de sa dame; il l'avait lui-même portée bien des fois sur le champ de bataille et dans les tournois, et il avait fait triompher l'incarnat sur toutes les autres couleurs.

L'étonnement le rendit muet et immobile en voyant dans de pareilles mains cette preuve incontestable d'une mission. Le nain, prenant alors un air de triomphe, poussa un grand éclat de rire, et s'écria en branlant sa grosse tête:

— Osez maintenant refuser de me suivre; osez désobéir à mes ordres; osez douter que je sois Arthur de Tintagel, ayant le droit de commander à toute la chevalerie anglaise!

— Au nom de tout ce qu'il y a de plus sacré, s'écria le chevalier, dis-moi qui t'a donné cette bague; tâche de fixer une minute ou deux ta raison errante, et apprends-moi qui t'a envoyé et quel est le véritable but de ton message; prends bien garde à ce que tu diras, car c'est un sujet qui n'admet pas la bouffonnerie.

— Chevalier téméraire et insensé, que veux-tu savoir de plus, si ce n'est que tu es honoré des ordres d'une princesse qui a fait choix d'un roi pour te les apporter?

— Nous ne daignerons point parlementer plus long-temps avec toi. Nous t'ordonnons, au nom et par le pouvoir de cette bague, de nous suivre sur-le-champ, et de te rendre près de celle à qui elle appartient. Chaque minute de retard est un crime contre ton allégeance.

— Bon Nebectamus, réfléchis-y bien. Cette dame sait-elle où je suis, et quel devoir j'ai à remplir cette nuit? Sait-elle que ma vie..... mais à quoi bon parler de ma vie? sait-elle que mon honneur dépend de mon exactitude à garder cette bannière jusqu'au point du jour? Peut-elle désirer que je le perde, même pour la voir? impossible! La princesse a voulu s'amuser aux dépens de son serviteur en lui envoyant un tel message; et le choix du messager qu'elle m'envoie doit me le faire croire encore davantage.

— Conservez votre croyance, dit Nebectamus en se détournant comme pour quitter la plate-forme; il m'importe peu que vous soyez rebelle ou fidèle à cette illustre dame. Adieu.

— Un instant! s'écria le chevalier; attends un instant! Réponds seulement à une question : la dame qui t'a envoyé est-elle près d'ici?

— Qu'importe? répondit le nain: la fidélité doit-elle compter les quarts de mille, les milles et les lieues, comme le pauvre courrier qui est payé de ses travaux en raison de la distance qu'il parcourt? Quoi qu'il en soit, esprit soupçonneux, je te dirai que la belle main qui porte ordinairement la bague envoyée à un si indigne vassal n'est qu'à la distance qu'un trait lancé de mon arbalète pourrait franchir.

Sir Kenneth jeta un nouveau regard sur la bague, comme pour bien s'assurer qu'il ne se trompait pas.

— Dis-moi, demanda-t-il au nain, ma présence est-elle requise pour un long espace de temps?

— Un long espace de temps! répéta Nebectamus de ce ton qui annonçait la légèreté de son cerveau; qu'appelez-vous le temps? Je ne le vois pas; je ne le sens pas; ce n'est que l'ombre d'un mot, une suite d'instans mesurés la nuit par le son d'une cloche, et le jour par l'ombre qui s'avance sur un cadran solaire. Apprends que le temps d'un vrai chevalier ne doit se compter que par ses prouesses en l'honneur de Dieu et de sa dame.

— Ce sont des paroles de vérité, dit le chevalier, quoiqu'elles sortent de la bouche de la folie. Et cette dame me mande-t-elle réellement pour m'imposer quelque devoir à remplir pour elle et en son nom? L'obéissance à ses ordres ne pourrait-elle se différer jusqu'au lever du soleil?

— Elle requiert ta présence à l'instant même, répondit le nain, sans perdre autant de temps qu'il en faudrait pour que dix grains de sable tombassent dans le sablier. Écoute, froid et méfiant chevalier, voici ses propres paroles : — Dites-lui que la main qui a laissé tomber des roses peut accorder des lauriers.

Cette allusion à ce qui s'était passé dans la chapelle d'Engaddi fit naître mille souvenirs dans l'esprit de sir Kenneth, et le convainquit que le nain avait été véritablement chargé d'un message pour lui. Les boutons de roses, tout flétris qu'ils étaient, occupaient encore une place sous sa cuirasse, près de son cœur, comme son trésor le plus précieux. Il hésita, et ne put se résoudre à laisser échapper cette occasion, la seule qui s'offrirait peut-être jamais, d'obtenir un regard favorable de celle qu'il avait reconnue comme souveraine de ses pensées. Cependant le nain augmentait sa confusion en insistant pour qu'il lui remît la bague ou qu'il le suivît sur-le-champ.

— Un instant! encore un instant! dit le chevalier; et il ajouta en se parlant à lui-même : — Suis-je l'esclave ou le sujet du roi Richard? Ne suis-je pas un chevalier libre dévoué au service de la croisade? Qui suis-je venu servir ici de la lance et de l'épée? — Notre sainte cause et ma dame.

— La bague! la bague! s'écria le nain avec un ton d'impatience. Déloyal et nonchalant chevalier, rends-moi cette bague, que tu es indigne de toucher ou de regarder.

— Un moment, bon Nebectamus, un moment; ne me trouble pas dans mes réflexions. — Quoi! si les Sarrasins venaient en cet instant attaquer nos lignes, resterais-je ici, en vassal soumis à l'Angleterre, occupé à veiller à ce que son orgueil ne souffrît pas d'humiliation, ou courrais-je sur la brèche pour combattre pour la croix? Mais après la cause de Dieu viennent les ordres de ma dame. Et cependant ceux de Cœur-de-Lion, ma promesse..... Nebectamus, je t'en conjure, dis-moi si tu dois me conduire bien loin d'ici.

— A ce pavillon que tu vas voir là-bas, répondit Nebectamus; et, puisque tu as besoin de le savoir, la lumière du matin frappe déjà la sphère d'or qui en couronne le faîte, et qui vaut la rançon d'un roi.

— Je puis être de retour dans un instant, dit le chevalier fermant les yeux avec une sorte de désespoir à toutes les conséquences que pouvait avoir sa résolution. Si quelqu'un approche de la bannière, je puis entendre de là les aboiemens de mon chien. Je me jetterai aux pieds de ma dame, et je la supplierai de me permettre d'achever ma faction. Ici, Roswall, s'écria-t-il en appelant son chien et en jetant son manteau sous la bannière royale d'Angleterre : — Veille bien à ceci, et ne laisse approcher personne.

Le chien majestueux regarda son maître comme pour l'assurer qu'il le comprenait bien, et se coucha ensuite sur le manteau, la tête levée et les oreilles droites, comme s'il eût parfaitement entendu pourquoi on le plaçait là.

— Allons, Nebectamus, dit alors sir Kenneth, hâtons-nous d'obéir aux ordres que tu m'as apportés.

— Se hâtera qui voudra, dit le nain avec un ton d'humeur; tu ne t'es pas hâté d'obéir à mes ordres, et je ne puis suivre tes pas. Tu ne marches pas comme un homme, tu cours comme une autruche du désert.

Il n'y avait que deux moyens de vaincre l'obstination de Nebectamus, qui, tout en parlant ainsi, avait pris un pas de limaçon : les présens, Kenneth n'avait pas le moyen de lui en faire; la flatterie, il n'en avait pas le temps. Dans son impatience, il enleva le nain de terre, le porta dans ses bras, et arriva bientôt au pavillon qui lui avait été indiqué. Cependant, en approchant, il remarqua un petit détachement de soldats qui étaient assis par terre, et que des tentes placées en avant l'avaient empêché d'apercevoir plus tôt. Surpris que le bruit de son armure n'eût pas excité leur attention, et supposant qu'il était possible que, dans une circonstance semblable, le secret devait protéger ses moindres mouvemens, il remit par terre son petit guide tout essoufflé, pour qu'il reprît haleine, et qu'il lui indiquât ce qu'il avait à faire. Nebectamus était effrayé et courroucé ; mais il s'était senti dans les bras nerveux du chevalier aussi complètement en son pouvoir qu'un hibou dans les serres d'un aigle, et il ne se souciait pas de l'exciter à lui donner de nouvelles preuves de sa vigueur.

Il ne se plaignit donc pas de la manière dont il avait été traité; mais, faisant un détour dans ce labyrinthe de tentes, il conduisit en silence le chevalier de l'autre côté du pavillon, pour le dérober aux regards des gardes, qui semblaient ou trop négligens ou trop accablés par le sommeil pour s'acquitter de leur devoir avec beaucoup d'exactitude. En y arrivant, le nain souleva de terre le bout de la toile de la tente, et fit signe à sir Kenneth de se baisser pour y entrer. Le chevalier hésita; il lui paraissait peu convenable de s'introduire furtivement dans un pavillon qui servait sans doute d'habitation à de nobles dames; mais il se rappela le gage indubitable de sa mission, que le nain lui avait remis, et il finit par conclure qu'il ne lui appartenait pas de discuter le bon plaisir de sa dame.

Il se baissa donc pour entrer dans la tente, et dès qu'il fut dans l'intérieur le nain lui dit : — Restez là jusqu'à ce que je vous appelle.

CHAPITRE XIII.

―

« Quoi vous nommez ensemble Innocence et Gaîté!
» A peine au fruit fatal Adam avait goûté,
» On vit naître soudain leur mésintelligence,
» Et les deux sœurs se dire un éternel adieu !
» De l'Innocence donc la Malice tient lieu,
» Depuis les jeux cruels de la première enfance,
» Qui tue, en folâtrant, un pauvre papillon,
» Jusqu'au dernier plaisir que goûte un moribond,
» Qui sur son lit de mort trouve un dernier sourire
» S'il apprend qu'un voisin dans la misère expire. »

Ancienne comédie.

Sir Kenneth resta quelques instants seul et dans une obscurité complète. La nécessité d'attendre ainsi prolongeait son absence de son poste, et il commença presque à se repentir de la facilité avec laquelle il s'était laissé déterminer à le quitter. Mais y retourner sans avoir vu lady Edith, c'était à quoi il ne pouvait plus songer. Il avait manqué à la discipline militaire, et il était résolu à voir se réaliser l'attente qui l'avait séduit. Cependant sa situation n'était nullement agréable ; il n'y avait pas de clarté pour lui montrer dans quel appartement il s'était introduit, lady Edith formait partie de la suite de la reine, et la découverte de son entrée furtive dans le pavillon royal pouvait occasioner de très-dangereux soupçons.

Tandis qu'il s'occupait de ces réflexions peu satisfaisantes, et qu'il désirait presque de pouvoir faire sa retraite sans être aperçu, il reconnut des voix de femmes et entendit rire et causer dans un appartement voisin dont il n'était séparé que par une toile, autant qu'il en pouvait juger. On y alluma des lampes, comme il put s'en apercevoir par la lumière qui frappa sur la toile servant de cloison, et il vit, comme autant d'ombres, différentes personnes assises ou marchant dans ce second appartement. Dans la situation où était sir Kenneth, il serait sévère de le blâmer d'avoir écouté une conversation dans laquelle il se trouvait profondément intéressé.

— Appelez-la! appelez-la, pour l'amour de Notre-Dame! dit une de ces invisibles en riant. Nebectamus, tu seras envoyé en ambassade à la cour du Prêtre-Jean, pour lui montrer comme tu sais t'acquitter d'une mission.

Le son aigre de la voix du nain se fit entendre; mais il parlait si bas que sir Kenneth ne put comprendre ce qu'il disait.

— Mais comment nous débarrasser de l'esprit que Nebectamus vient d'évoquer? dit une autre voix.

— Daignez m'écouter, madame, dit une troisième : si le sage roi Nebectamus n'est pas trop jaloux de sa royale et attrayante épouse, chargeons-la d'aller congédier cet insolent chevalier, qui se laisse si aisément persuader que de hautes dames peuvent avoir besoin de son arrogante valeur.

— Il me semble, reprit la voix qui venait de parler, qu'il serait juste que la courtoisie de la reine Genièvre renvoyât celui que la sagesse de son digne époux a réussi à amener ici.

Saisi de honte et de ressentiment de ce qu'il entendait, sir Kenneth allait chercher à s'évader de la tente à tout hasard quand ce qui suivit l'arrêta.

— En vérité, dit cette seconde voix, il faut que notre cousine Edith apprenne de quelle manière s'est conduit ce chevalier si vanté. Il faut nous réserver les moyens de prouver à ses propres yeux qu'il a manqué à son devoir. Ce sera une leçon qui pourra lui être utile; car, croyez-moi, Caliste, j'ai quelquefois pensé qu'elle portait le souvenir de cet aventurier écossais trop profondément gravé dans son cœur.

Caliste murmura quelques mots pour faire l'éloge de la sagesse et de la prudence de lady Edith.

— Prudence! reprit une autre, ce n'est que de l'orgueil et le désir de passer pour plus scrupuleuse qu'aucune de nous. Non, je ne renoncerai pas à mon petit avantage. Vous savez fort bien que, quand elle vous prend en défaut, personne ne peut vous mettre votre erreur sous les yeux mieux que lady Edith, quoique ce soit d'une manière civile. Mais la voici elle-même.

L'entrée d'une autre personne dans l'appartement fut annoncée par une ombre qui se peignit sur la toile, et qui y glissa jusqu'à ce qu'elle se fût confondue avec les autres. En dépit du désappointement amer qu'il éprouvait, et de l'insulte qu'il avait reçue par suite, à ce qu'il paraissait, de la malice ou d'une folle fantaisie de la reine Bérengère, car il avait déjà conclu que celle qui avait parlé le plus haut et avec un ton d'autorité était l'épouse de Richard, le chevalier trouvait quelque chose de si consolant à penser qu'Edith n'avait pas été complice du tour indigne qu'on venait de lui jouer, et la scène qui allait se passer était si intéressante pour sa curiosité, qu'au lieu de suivre le projet plus prudent de faire retraite à l'instant même il chercha au contraire quelque fente par où ses yeux pussent, comme son oreille, prendre part à ce qui allait arriver.

— Sûrement, se dit-il à lui-même, la reine, à qui il a plu de s'amuser de mettre en danger ma réputation et peut-être ma vie, n'a pas droit de se plaindre si je profite de l'occasion que me fournit le hasard pour connaître ses intentions ultérieures.

Cependant il semblait qu'Edith attendait les ordres de la reine, et que Sa Majesté n'osait parler, de crainte de ne pouvoir ni s'empêcher de rire ni contenir la gaieté des dames de sa suite ; car sir Kenneth entendait qu'on ne parlait qu'à voix basse, et avec un rire étouffé.

— Votre Majesté, dit enfin Edith, paraît dans une humeur joyeuse, quoiqu'à une pareille heure elle dût plutôt avoir des dispositions à dormir. Je dormais moi-même quand j'ai appris que Votre Majesté me demandait.

— Je ne retarderai pas long-temps votre repos, cousine, répondit la reine. Je crains pourtant que vous ne dormiez moins paisiblement quand je vous aurai dit que vous avez perdu votre gageure.

— C'est trop appuyer sur une plaisanterie qui doit être usée, madame. Je n'ai point fait de gageure, quoiqu'il ait plu à Votre Majesté de supposer et de prétendre que j'en avais fait une.

— En dépit de notre pèlerinage, belle cousine, Satan a de l'empire sur vous, et il vous inspire un mensonge. Pouvez-vous nier que vous n'ayez gagé votre bague de rubis contre mon bracelet d'or que ce chevalier du *Libbart*(1), ou n'importe quel est son nom, ne se laisserait pas déterminer à quitter son poste?

— J'ai trop de respect pour Votre Majesté pour la contredire; mais ces dames peuvent, si elles le veulent, me rendre témoignage que c'est Votre Majesté elle-même qui a proposé une telle gageure, et qui a retiré ma bague de mon doigt, tandis que je persistais à déclarer que je ne croyais convenable ni à mon âge ni à mon sexe de rien parier sur un tel sujet.

— Mais vous ne pouvez disconvenir, lady Edith, dit une des femmes de la reine, que vous n'ayez montré beaucoup de confiance en la valeur de ce chevalier du Léopard.

— Et quand cela serait, répondit Edith avec vivacité, est-ce une raison pour que vous placiez ici votre mot, afin de flatter le caprice de Sa Majesté? J'ai parlé de lui comme en parlent tous les hommes qui l'ont vu combattre, et je n'avais pas plus d'intérêt à le défendre que vous n'en avez à l'attaquer. De quoi peuvent parler les femmes dans un camp, si ce n'est de guerriers et de faits d'armes?

— La noble lady Edith, dit une autre, ne nous a jamais pardonné, à Caliste et à moi, depuis que nous avons dit à Votre Majesté qu'elle avait laissé tomber deux boutons de rose dans la chapelle d'Engaddi.

(1) Léopard. — L.D.

— Si Votre Majesté, dit Edith d'un ton qui parut à sir Kenneth celui d'une respectueuse remontrance, n'a pas d'autres ordres à me donner, je lui demanderai la permission de me retirer.

— Silence, Florise, dit la reine, et que notre indulgence ne vous fasse pas oublier la distance qui existe entre vous et la parente du roi d'Angleterre. Mais vous, belle cousine, ajouta-t-elle en reprenant le ton de la plaisanterie, comment pouvez-vous, bonne comme vous êtes, reprocher quelques instans de gaieté à de pauvres dames qui ont passé tant de jours dans les pleurs et les grincemens de dents?

— Puisse la gaieté de Votre Majesté être de longue durée! répondit Edith; quant à moi, je consentirais à ne plus sourire pendant tout le reste de ma vie plutôt que de...

Elle n'en dit pas davantage, probablement par respect; mais le son de sa voix fit connaître à Kenneth qu'elle était fort agitée.

— Pardonnez à une princesse inconsidérée, mais enjouée, de la maison impériale, dit Bérengère. Mais où est le grand mal après tout? Un jeune chevalier a été attiré ici par la ruse; il s'est dérobé, ou l'on l'a dérobé à son poste, que personne n'attaquera en son absence, pour l'amour d'une belle dame, car, pour rendre justice à votre champion, Edith, il n'a fallu à Nebectamus rien de moins que votre nom pour le conjurer efficacement.

— Justice du ciel! s'écria Edith d'une voix qui annonçait plus d'alarme qu'elle n'en avait encore montré; Votre Majesté ne parle pas sérieusement; vous ne pouvez parler ainsi, par égard pour votre propre honneur et pour celui de la parente de votre époux. Dites que vous plaisantiez, madame, et pardonnez-moi d'avoir pu en douter un instant.

— Lady Edith, dit la reine d'un ton de mécontentement, est fâchée d'avoir perdu la bague que nous lui avons gagnée. Nous vous rendrons votre gage, belle cousine; mais ne nous reprochez pas un petit triomphe que nous avons remporté sur une prudence qui nous a protégée souvent comme la bannière qui couvre une armée de son ombre.

— Un triomphe! madame, s'écria Edith avec indignation; un triomphe! le triomphe sera pour les infidèles, quand ils sauront que la reine d'Angleterre peut faire de la réputation de la parente de son époux le sujet d'une plaisanterie.

— Vous regrettez la perte de votre bague favorite, belle cousine, dit la reine; mais allons, puisqu'il vous en coûte tant de payer votre gageure, nous renoncerons à notre droit. C'est votre nom, c'est votre bague, qui ont amené ici ce chevalier, et nous nous inquiétons peu de l'appât une fois que le poisson est pris.

— Madame, répliqua Edith avec impatience, vous savez fort bien que tout ce qui m'appartient est à Votre Majesté dès qu'elle en montre le moindre désir; mais je donnerais un boisseau de rubis pour qu'on ne se fût servi ni de ma bague ni de mon nom pour faire commettre à un brave chevalier une faute qui peut attirer sur lui la honte et le châtiment.

— Oh! c'est pour la sûreté de notre féal chevalier que nous craignons, dit la reine. Vous estimez trop peu notre pouvoir, belle cousine, si vous vous imaginez qu'une fantaisie que nous nous sommes permise puisse coûter la vie à quelqu'un. D'autres que lady Edith peuvent avoir de l'influence sur des guerriers revêtus de fer. Le cœur même d'un lion est de chair et non de marbre; et, croyez-moi, j'ai assez de crédit auprès de Richard pour éviter au chevalier auquel lady Edith prend un tel intérêt le châtiment auquel pourrait l'exposer sa désobéissance aux ordres du roi.

— Au nom de la sainte croix, madame, s'écria Edith; et sir Kenneth, avec une émotion qu'il serait impossible de décrire, l'entendit se prosterner aux pieds de la reine, — pour l'amour de la bienheureuse Vierge et de tous les saints du calendrier, prenez bien garde à ce que vous allez faire! vous ne connaissez pas encore le roi Richard; il n'y a que peu de temps que vous êtes son épouse: votre souffle pourrait aussi facilement combattre toute la fureur du vent d'ouest que vos paroles persuader à votre époux de pardonner une faute contre la discipline militaire. Pour l'amour du ciel, renvoyez ce chevalier si vous l'avez réellement attiré ici. Je consentirais presque à rester chargée de la honte de l'avoir invité à y venir si je savais qu'il est de retour où son devoir exige sa présence.

—Relevez-vous, cousine, relevez-vous, dit la reine; et soyez assurée que tout se terminera mieux que vous ne le pensez. Relevez-vous, vous dis-je, ma chère Edith: je suis fâchée d'avoir fait la folie de jouer un pareil tour à un chevalier auquel vous vous intéressez si vivement. Ne vous tordez pas ainsi les mains; je veux bien croire que vous n'y prenez aucun intérêt. Je croirai tout ce que vous voudrez plutôt que de vous voir un air si désolé. — Je vous dis que je prendrai tout le blâme sur moi; que je justifierai près de Richard votre bel ami du Nord, — ou votre connaissance, puisque vous ne voulez pas l'avouer pour votre ami. — Ne me regardez pas avec cet air de reproche, nous allons charger Nebectamus de renvoyer à son poste ce chevalier de la bannière. Il est sans doute caché dans quelque tente voisine.

— Par ma couronne de lis et mon sceptre de belle eau, dit Nebectamus, Votre Majesté se trompe. Il est plus près que vous ne le pensez; il est caché là derrière cette toile.

— Et à portée d'avoir entendu tout ce que nous venons de dire! s'écria la reine, surprise à son tour. Sors d'ici, monstre de sottise et de malignité!

A peine avait-elle prononcé ces mots, que Nebectamus s'enfuit en poussant un cri si perçant qu'il est permis de douter que la reine se fût bornée à des reproches et n'y eût pas joint quelque marque plus sensible de son courroux.

— Et que faire maintenant? demanda la reine à Edith à demi-voix et avec une inquiétude marquée.

— Ce que la circonstance exige, répondit Edith avec fermeté; il faut voir ce chevalier, et nous mettre à sa merci.

Et sans tarder un instant elle s'avança pour tirer un rideau qui couvrait une entrée servant de communication d'une pièce à l'autre.

— Pour l'amour du ciel, n'en faites rien, s'écria la reine. Songez donc... Mon appartement... L'heure, notre costume... Mon honneur...

Mais avant qu'elle eût achevé sa remontrance le rideau était tiré, et rien ne séparait plus les dames du chevalier. La chaleur d'une nuit d'Orient avait engagé la reine et ses dames à se vêtir plus à la légère et plus simplement que leur rang, et surtout la presence d'un chevalier, ne l'exigeaient. La reine se le rappela, et, poussant un grand cri, sortit de l'appartement dans lequel sir Kenneth se trouvait alors, et passa dans une autre division du pavillon, où ses femmes la suivirent, à l'exception d'Edith; car l'amertume de sa douleur, son extrême agitation, son violent désir d'avoir une prompte explication avec le chevalier écossais, lui firent peut-être oublier que ses cheveux étaient plus en désordre et que sa personne était moins couverte qu'il ne convenait à des demoiselles de haute naissance dans un siècle qui, après tout, n'était pas l'époque de l'ancien temps où les dames avaient le plus de pruderie. Une robe lâche et légère de soie couleur d'incarnat était presque son seul vêtement; elle avait placé à la hâte ses pieds nus dans des babouches orientales, et une riche écharpe était jetée négligemment sur ses épaules. Sa tête n'était couverte que du voile de ses beaux cheveux, qui, tombant en désordre de tous côtés, cachaient en partie des traits qu'un mélange de confusion, de ressentiment et d'émotions plus douces couvrait d'une vive rougeur.

Mais quoiqu'elle sentît sa situation avec cette délicatesse qui est le plus grand charme de son sexe, elle ne parut pas mettre un instant sa timidité en balance avec ce qu'elle devait à celui qui avait été induit en erreur et mis en danger à cause d'elle. Elle se borna à poser sur une table une lampe qu'elle tenait à la main, et qui jetait sur elle trop de clarté; elle serra davantage son écharpe sur son cou et sur son sein; puis, tandis que sir Kenneth restait immobile à l'endroit même où il se trouvait quand le rideau avait été ouvert, bien loin de se retirer, elle fit un pas vers lui et s'écria :

— Hâtez-vous de retourner à votre poste, vaillant chevalier. On vous a trompé pour vous attirer ici. Ne faites aucune question.

— Je n'ai besoin d'en faire aucune, répondit Kenneth en fléchissant le genou devant elle avec la dévotion respectueuse d'un saint au pied d'un autel, et les yeux fixés sur la terre de peur que ses regards n'ajoutassent à l'embarras d'Édith.

— Avez-vous tout entendu? s'écria Édith avec impatience. Pourquoi donc rester ici quand chaque minute qui se passe vous menace du déshonneur.

— Je sais que je suis déshonoré, dit le chevalier, et c'est de votre voix que je l'ai entendu. Que m'importe le châtiment? Je n'ai qu'une demande à vous faire; je vais me jeter au milieu des cimeterres infidèles, et voir si le déshonneur peut se laver dans le sang.

— N'en faites rien, ne restez pas ici plus long-temps, soyez prudent; tout ira bien si vous retournez promptement à votre poste.

— Je n'attends que votre pardon pour la présomption dont je me suis rendu coupable en croyant que mes humbles services pourraient vous être utiles et mériter quelque estime.

— Je vous pardonne: mais non, je n'ai rien à vous pardonner; c'est moi qui suis cause de votre malheur. Partez, partez; oui, je vous pardonnerai, je vous estimerai comme j'estime tout brave croisé, si vous partez à l'instant.

— Recevez d'abord ce gage précieux et fatal, dit le chevalier toujours à genoux, en présentant à Édith, qui fit de nouveaux gestes d'impatience, la bague qu'il avait reçue de Nebectamus.

—Non, non! s'écria-t-elle en refusant de la prendre; conservez-la, conservez-la comme une marque de mon estime, de mes regrets je voulais dire; mais partez; si ce n'est pas pour vous, que ce soit pour moi.

L'intérêt que sa dame semblait prendre à sa sûreté dédommageait presque sir Kenneth de la perte de son honneur, que sa voix lui avait annoncée; il se releva, et, fixant un instant les yeux sur Édith, la salua profondément et se retira. Au même instant cette réserve timide dont une émotion violente avait triomphé jusqu'alors triompha à son tour, et la belle Édith sortit de l'appartement en éteignant la lampe, laissant l'esprit et le corps du chevalier dans des ténèbres également profondes.

La première pensée qui le tira de sa rêverie fut qu'il fallait lui obéir, et il se hâta de regagner l'endroit par où il était entré dans le pavillon. Chercher le lieu où il était possible de soulever la toile pour passer par-dessous était une opération qui exigeait du temps et de l'attention : il l'abrégea en se faisant une ouverture avec son poignard. En se retrouvant en plein air, il se sentit accablé par un tel conflit de sentimens opposés, qu'il lui aurait été impossible de les analyser, et qu'il était comme frappé de stupeur : il eut besoin de se rappeler que lady Édith lui avait ordonné de se hâter; mais, engagé au milieu des cordes et des pieux qui servaient à attacher les tentes, et la crainte d'éveiller les sentinelles placées devant le pavillon de la reine l'obligeant à marcher avec précaution jusqu'à ce qu'il eût regagné l'avenue par laquelle le nain l'avait conduit, il fallait qu'il avançât à pas lents, de peur de donner l'alarme soit en tombant, soit par le bruit de ses armes.

Un léger nuage avait couvert la lune au moment où il sortait du pavillon, et ce fut un nouvel obstacle qu'il eut à combattre dans un instant où sa tête éprouvait des vertiges et où son cœur était si ému qu'il ne lui restait guère de présence d'esprit. Mais enfin il arriva à ses oreilles des sons qui lui rendirent tout à coup l'usage de toutes ses facultés. Ils partaient du mont Saint-George. D'abord ce fut un seul aboiement, fier, exprimant la menace et le courroux; mais il fut suivi presque au même instant d'un hurlement d'agonie.

Jamais daim ne partit d'une course plus rapide en entendant la voix de Roswall que ne le fit sir Kenneth lorsqu'il reconnut ce qu'il regarda comme le cri de mort de ce noble animal, trop fier pour qu'une blessure ordinaire lui eût arraché la moindre plainte; il franchit en un instant l'espace qui le séparait encore de l'avenue, courut vers la hauteur, quoique armé de toutes pièces, plus vite que n'aurait pu le faire maint chevalier qui n'eût pas été comme lui chargé de ses armes; il gravit la montée sans ralentir le pas, et en quelques minutes arriva sur la plate-forme.

La lune entr'ouvrait alors le nuage qui l'avait couverte, et elle lui fit voir que la bannière d'Angleterre avait disparu : la lance qui la soutenait était par terre, brisée en morceaux; son chien fidèle, étendu à côté, semblait dans l'agonie de la mort.

FIN DU TOME TROISIÈME DES HISTOIRES DU TEMPS DES CROISADES.

ŒUVRES COMPLÈTES
DE
SIR WALTER SCOTT.

Cette édition sera précédée d'une notice historique et littéraire sur l'auteur et ses écrits. Elle formera soixante-douze volumes in-dix-huit, imprimés en caractères neufs de la fonderie de Firmin Didot, sur papier jésus vélin superfin satiné; ornés de 72 *gravures en taille-douce* d'après les dessins d'Alex. Desenne; de 72 *vues* ou *vignettes* d'après les dessins de Finden, Heath, Westall, Alfred et Tony Johannot, etc., exécutées par les meilleurs artistes français et anglais ; de 30 *cartes géographiques* destinées spécialement à chaque ouvrage; d'une *carte générale de l'Écosse*, et d'un *fac-simile* d'une lettre de Sir Walter Scott, adressée à M. Defauconpret, traducteur de ses œuvres.

CONDITIONS DE LA SOUSCRIPTION.

Les 72 volumes in-18 paraîtront par livraisons de 3 volumes de mois en mois; chaque volume sera orné d'une *gravure en taille-douce* et d'un titre gravé, avec une *vue* ou *vignette*, et chaque livraison sera accompagnée d'une ou deux *cartes géographiques*.

Les *planches* seront réunies en un cahier séparé formant atlas.

Le prix de la livraison, pour les souscripteurs, est de 12 fr. et de 25 fr. avec les gravures avant la lettre.

Depuis la publication de la 3e livraison, les prix sont portés à 15 fr. et à 30 fr.

ON NE PAIE RIEN D'AVANCE.

Pour être souscripteur il suffit de se faire inscrire à Paris
Chez les Éditeurs :

CHARLES GOSSELIN, LIBRAIRE DE S. A. R. M. LE DUC DE BORDEAUX, Rue St.-Germain-des-Prés, n. 9.	A. SAUTELET ET Cᵉ, LIBRAIRES, Place de la Bourse.

www.ingramcontent.com/pod-product-compliance
Lightning Source LLC
Chambersburg PA
CBHW070636170426
43200CB00010B/2044